Bibliografische Information der Deutschen Nationalbibliothek:

Die Deutsche Bibliothek verzeichnet diese Publikation in der Deutschen National-
bibliografie; detaillierte bibliografische Daten sind im Internet über http://dnb.d-
nb.de/ abrufbar.

Impressum:

Copyright © 2017 GRIN Verlag, Open Publishing GmbH
Druck und Bindung: Books on Demand GmbH, Norderstedt Germany
ISBN: 9783668462090

Dieses Buch bei GRIN:

http://www.grin.com/de/e-book/367760/einfluss-von-potenziell-manipulierten-
online-produktbewertungen-auf-das

Florian Pollok

Einfluss von potenziell manipulierten Online-Produktbewertungen auf das Kaufverhalten

GRIN Verlag

GRIN - Your knowledge has value

Der GRIN Verlag publiziert seit 1998 wissenschaftliche Arbeiten von Studenten, Hochschullehrern und anderen Akademikern als eBook und gedrucktes Buch. Die Verlagswebsite www.grin.com ist die ideale Plattform zur Veröffentlichung von Hausarbeiten, Abschlussarbeiten, wissenschaftlichen Aufsätzen, Dissertationen und Fachbüchern.

Besuchen Sie uns im Internet:

http://www.grin.com/

http://www.facebook.com/grincom

http://www.twitter.com/grin_com

Untersuchung des Einflusses von potenziell manipulierten Online-
Produktbewertungen auf das Kaufverhalten

Bachelorarbeit

Im Studiengang Wirtschaftsinformatik
der Fakultät Wirtschaftsinformatik
und Angewandte Informatik
der Otto-Friedrich-Universität Bamberg

vorgelegt von: Florian Pollok

Abgabetermin: 31. März 2017

Inhaltsverzeichnis

Abkürzungsverzeichnis

OWom   Online Word-of-mouth

Abbildungsverzeichnis

Tabellenverzeichnis

1 Einleitung

Der Handel ist seit Jahrtausenden ein wichtiger Bestandteil der menschlichen Zivilisation und hat sich über die Jahre hinweg stetig weiterentwickelt. Vom Handel auf der Straße als Tauschgeschäft hin zum Handel in Kaufhäusern als Mittelmann zwischen Privatperson und Unternehmen. Inzwischen nutzen 68 Prozent der 14- bis 69- Jährigen das Internet, um sich über Produkte zu informieren oder Preise zu vergleichen, 73% kaufen auch regelmäßig im Internet ein (ACTA 2014). In der virtuellen (Online-) Welt ist kein direkter Kontakt zwischen Käufer und Verkäufer mehr von Nöten, was neben der immer weiter steigenden Auswahl an Produkten dazu führt, dass der Käufer sich zwischen (teilweise gleich aussehenden) Produkten entscheiden muss, welche die selbe Aufgabe erfüllen und meist ähnliche Spezifikationen besitzen. Hierfür muss sich der Käufer, neben den Angaben der Verkäufer, immer mehr auf Empfehlungen und Erfahrungen anderer (ebenfalls anonymer) Privatpersonen verlassen, welche neben den persönlichen Erfahrungen aus dem direkten Umfeld inzwischen immer häufiger auf sogenannten Produktbewertungen basieren, welche online kommuniziert und verteilt werden.

Da es schon seit Beginn der Menschheit die Versuche gibt, sich selber durch Lügen oder Vortäuschen falscher Tatsachen besser darzustellen als Andere oder Vorteile zu erreichen, und dies in der Anonymität des Internets kaum unterbunden werden kann sowie leicht umsetzbar ist, gibt es auch im Bereich der Online-Produktbewertungen immer wieder Fälle der Manipulation. Das Ziel dieser ist es, mehr Kunden für das eigene Produkt oder die eigene Marke gewinnen zu können. Aufgrund der häufiger werdenden Schlagzeilen in unterschiedlichen Zeitungen, welche immer wieder über Fälle der Produktbewertungsmanipulation berichten, wird dieses Thema vor allem für Betreiber und Kunden von Online-Verkaufsportalen stetig wichtiger.

Diese Bachelorarbeit befasst sich mit dem Thema der Manipulation von Online-Produktbewertungen und in wie weit eine potenzielle Manipulation das Kaufverhalten der Kunden beeinflusst. Genauer gesagt: Bevorzugen Kunden eines Online-Shops ein Produkt mit einer möglicherweise manipulierten 5,0 Sterne Bewertung oder bevorzugen sie aufgrund der eventuellen Manipulation ein Produkt, welches ebenfalls gut bewertet wurde, jedoch auch vereinzelte Kritikpunkte aufweist?

Um die Fragestellung beantworten zu können, werden zu Beginn der Arbeit die zentralen Begrifflichkeiten eingeführt und erklärt, sowie ein Überblick über die bisherige Literatur zu diesem Thema gegeben. Zudem wird hier die Lücke der Forschung und somit der Ansatzpunkt dieser Arbeit verdeutlicht. Im anschließenden dritten Kapitel wird die zur Beantwortung der Forschungsfrage verwendete Methodik des Fragebogens vorgestellt und erläutert. Die Ergebnisse dieses Fragebogens werden für jeden Abschnitt der Umfrage im vierten Kapitel der Arbeit vorgestellt. Eine anschließende Beantwortung der Forschungsfrage sowie eine Diskussion der Daten aus dem Fragebogen hinsichtlich der Fragestellung werden im fünften Kapitel vorgenommen. Zum Ende der Arbeit wird ein Ausblick auf mögliche zukünftige Arbeiten bzw. deren Erweiterungen oder Anschlusspunkte an diese Arbeit gegeben.

2 Hintergrund

Um eine solide Wissensbasis für die Beantwortung der Forschungsfrage und die damit einhergehende Umfrage und die Auswertung dieser zu vermitteln, werden im Folgenden die Grundbegriffe zum Thema Produktbewertungen, der Manipulation dieser sowie mögliche Gründe hierfür definiert und erklärt. Abschließend wird ein Überblick über diverse wissenschaftliche Arbeiten gegeben, welche sich bereits in der Vergangenheit mit der Thematik der Manipulation von Online-Produktbewertungen beschäftigt haben und an welchem Punkt diese Arbeit ansetzt.

2.1 Produktbewertungen

Kommunikation ist ein wichtiger (wenn nicht sogar der wichtigste) Bestandteil unserer Gesellschaft, „die jeder permanent bewusst oder unbewusst einsetzt" (Schwarz 2013). Auf diesem Weg werden wichtige Informationen über verschiedenste Dinge geteilt und verbreitet. Ein spezielles Anwendungsfeld, welches ungemein wichtig für den Handel ist, stellt die Mundpropaganda oder Produktbewertung dar. Das Teilen von Wissen, Meinungen und Erfahrungen über bestimmte Marken, Produkte oder Unternehmen kann sowohl auf herkömmlichen direktem Wege als auch Online, in der virtuellen Welt, geschehen und hat somit viele Seiten und Facetten aufzuweisen.

Generell kann man über jede dieser Arten und Verbreitungsformen sagen: „Mundpropaganda verfügt dabei über zwei Wirkungsdimensionen mit einer funktionalen und einer inhaltlichen Ebene." (Schwarz 2013) Auf der funktionalen Ebene, oder auch quantitative Dimension, dienen Produktbewertungen sowohl online als auch offline der Verbreitung von Informationen über ein bestimmtes Produkt oder einer Marke und haben eher eine informative und nicht wertende Eigenschaft. Die zweite Ebene ist durch die Wertung des Autors eher meinungsbildend und manipulativ, da sie die Meinung eines Dritten sowohl positiv als auch negativ beeinflussen kann und somit eher direkten Einfluss auf die Kaufentscheidung hat. Dies entspricht der qualitativen Dimension der Mundpropaganda (Schwarz 2013).

Generell unterscheidet Schwarz in seinem Buch „Leitfaden Online-Marketing" zwei Arten von Mundpropaganda: „*Buzz*" und „*Advocacy*".

Unter „*Buzz*" wird ein „Meinungsbildungsprozess [verstanden], der sich im Dialog mit dem sozialen Netzwerk" (Schwarz 2013) befindet, ausgelöst durch einen exogenen Impuls. Dies entspricht oft dem Mitteilen und Verbreiten von Neuigkeiten sowohl über Massenmedien als auch im Freundeskreis. Eine solche Meinung und Information kann sich wie ein Virus schnell und über weite Flächen verbreiten und ist somit ein gern genutztes Marketinginstrument – daher auch oft „virales Marketing" genannt. Dieser Ansatz soll eher Aufmerksamkeit für ein bestimmtes Produkt oder eine bestimmte Marke erzeugen als eine bestehende Meinung manipulieren.

„Advocacy" beschreibt hingegen einen „Meinungsbildungsprozess im sozialen Netzwerk, dessen entscheidender Impuls in der persönlichen Überzeugung eines Gesprächspartners besteht." (Schwarz 2013) Hierunter fallen sowohl Empfehlungen unter Freunden für oder gegen ein bestimmtes Produkt aus eigener Erfahrung, als auch Produktbewertungen in einem Online-Shop oder einer Online-Handelsplattform wie eBay. Diese zielen direkt auf das „bestehende Meinungsbild und die Kaufentscheidung Dritter" (Schwarz 2013) ab und sind somit manipulativ.

Um ein genaueres Bild über Produktbewertungen gewinnen zu können, wird im Folgenden zu Beginn ein Einblick in die Geschichte und Entwicklung des OWom gegeben und anschließend die heutzutage vorzufindenden Arten dieser vorgestellt.

2.1.1 Geschichte

Die Entwicklung der Informationsbeschaffung über ein Produkt oder eine Marke seitens der Käufer im Laufe der letzten Jahrzehnte ist enorm. Zu Beginn waren die direkte Kommunikation zwischen Käufer und Verkäufer am städtischen Marktplatz sowie die Beschreibung durch den Verkäufer und das Aussehen des Produktes am Marktstand die entscheidenden Faktoren auf die Kaufentscheidung. Diese direkte Beziehung im Verkaufsprozess zwischen einem Käufer und einem Verkäufer bezeichnet Schwarz in seinem Buch „Leitfaden Online Marketing" als „one-to-one".

Ab 1950 wurden die Massenmedien wie Radio und Fernsehen als Werbeplattform entdeckt. Hierdurch konnte eine breite Masse an potenziellen Kunden auf relativ leichtem Wege angesprochen werden. Diese Beziehung von einem Verkäufer bzw. einer Firma zu vielen potenziellen Kunden über diese Kanäle wird auch als „one-to-many" Beziehung bezeichnet (Schwarz 2013).

Aus der Folgenden Abbildung der Media Control GmbH kann man jedoch entnehmen, dass die durchschnittliche Nutzungsdauer des Mediums Fernsehen in der Zielgruppe von 14 bis 49 Jahren in den vergangenen 5 Jahren bereits zurückgegangen ist. Des Weiteren kann man erkennen, dass dieser Trend immer schneller voranschreitet, da z.B. die Nutzungsdauer der 20-29-Jährigen von 2013 bis 2015 so viel gesunken ist, wie in den Jahren 2010 bis 2013 zusammen. Die Nutzungsdauer der Erwachsenen im Alter ab 50 Jahren hingegen ist als einzige Altersgruppe um 9 Minuten angestiegen.

Zielgruppe	2010	2011	2012	2013	2014	01.01.-06.12.15	Differenz 2010/2015
Zuschauer gesamt (ab 3 J.)	223	225	222	221	221	222	-2
Erwachsene ab 14 Jahre	237	239	236	234	234	235	-1
Erwachsene 14-19 Jahre	108	111	102	92	95	86	-23
Erwachsene 20-29 Jahre	162	159	155	148	138	134	-28
Erwachsene 30-49 Jahre	224	223	219	216	218	211	-13
Erwachsene ab 50 Jahre	290	293	291	291	291	299	9
Frauen ab 14 Jahre	252	252	248	247	244	246	-5
Männer ab 14 Jahre	222	225	224	221	224	225	3
Kinder 3-13 Jahre	93	93	90	89	88	81	-11

Abbildung 2.1: Durchschnittliche Sehdauer in Minuten pro Tag in der EU von 2010 bis 2014 sowie Jahrestrend 01.01.15 bis 06.12.15 Quelle: (Media Control GmbH)

Die Nutzerzahl des Internets hingegen ist seit 1990 rasant und enorm gestiegen, so hatte 1990 nur ca. 0,1% der Bevölkerung in Deutschland einen Internetzugang, was sich bis 2015 auf 87,6% gesteigert hat. Diese Entwicklung ist in der folgenden Grafik dargestellt.

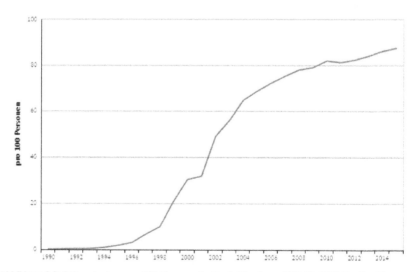

Abbildung 2.2: Internetnutzer pro 100 Personen in Deutschland von 1990 bis 2015 Quelle: (Knoema 2015)

Generell ist, wie in der folgenden Grafik von Statista erkennbar, das Internet das einzige Medium, welches seine Reichweite seit dem Jahr 2000 ausbauen konnte. Hier stieg die Nutzeranzahl von 17% (im Jahre 2000) auf erst 46% (2005) und anschließend auf 73% (2010 und 2015) in der Altersgruppe der 14- bis 29-Jährigen.

Die Reichweite der bisherigen Hauptmedien Fernsehen und Hörfunk hingegen sank jeweils um knapp 20% in den Jahren 2000 bis 2015 und scheint bei gleichbleibender Entwicklung auch in Zukunft einen Verlust der Reichweite aufzuweisen.

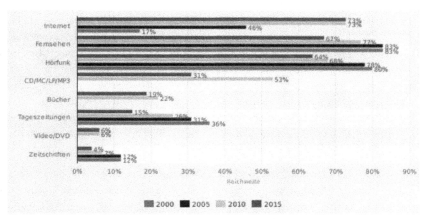

Abbildung 2.3: Tägliche Reichweite der einzelnen Medien in der Altersgruppe der 14-bis 29-Jährigen in Deutschland in ausgewählten Jahren von 2000 bis 2015 Quelle: (Statista a)

Diese zwei Entwicklungen haben zu einer Verschiebung der Werbeindustrie zugunsten des Internets geführt. Hier hat der Verkäufer bzw. die Firma jedoch viel weniger Einfluss als die Käufer durch Mundpropaganda, was es den Firmen erschwert selbst für ein gutes Image zu sorgen. Inzwischen bietet das Internet hierfür verschiedenste Plattformen wie zum Beispiel Foren, Blogs oder Verkaufsportale mit der Möglichkeit Rezensionen über einzelne Produkte oder auch eine komplette Marke zu verfassen. Aufgrund der inzwischen stark voran geschrittenen Verbreitung (Vgl. Abbildung 2) ist es inzwischen den meisten Privatpersonen möglich, sich vor einem Kauf über das Produkt im Internet zu informieren. Durch die Möglichkeit ortsunabhängig auf diese Produktbewertungen zugreifen zu können, entfällt die räumliche Barriere (Goldsmith und Horowitz 2006), welche offline die Reichweite der eigenen Meinung stark einschränkt. Des Weiteren genießt von anderen natürlichen Personen geschriebene Kritik und Lob an einem Produkt größere Glaubwürdigkeit als herkömmliche Werbung kommerzieller Anbieter. Dieser „Dialog über Marken in sozialen Netzwerken" (Schwarz 2013) wird auch „many-to-many"-Beziehung genannt.

2.1.2 Offline

Der Begriff „Produktbewertung" umfasst nicht nur die online niedergeschriebenen Meinungen der Nutzer über ein Produkt oder eine Marke, sondern wird auch, wie in der Geschichte, immer noch Offline kommuniziert. Dies geschieht innerhalb der Familie, dem engen Freundeskreis oder bei der Arbeit bzw. in der Schule. Hierbei werden, wie im Internet, die eigenen Erfahrungen und Meinungen zu einer Marke generell oder einem speziellen Produkt geteilt. Im Gegensatz zu Online-Produktbewertungen werden hier jedoch meist eher persönliche Ansichten über das Image und den Ruf der Firma oder des Produkts thematisiert als technische Vor- und Nachteile diskutiert. Dies geschieht weder zu einer bestimmten Zeit noch in einer bestimmten Form und ist somit kaum überschaubar oder beeinflussbar, weshalb es in dieser wissenschaftlichen Arbeit außen vorgelassen wird und sich auf den Online-Sektor der Produktbewertungen konzentriert wird (Dellarocas 2003).

2.1.3 Online

Die beobachtete Entwicklung bezüglich der Reichweite der einzelnen Medien (Vgl. Abbildung 2.3) führte, wie in Kapitel 2.1.1 erläutert, zu einer Verschiebung der Produktbewertungen von offline nach online, sowie einer Verschiebung von der Meinung eines Einzelnen zu einer sich aus vielen Stimmen zusammensetzenden Meinung über ein Produkt. So haben bereits Fittkau & Maaß in ihrer Studie im Jahre 2008 festgestellt, dass schon damals über 46% der Internetuser die Bewertungen anderer Nutzer bei ihrer Kaufentscheidung mit einbeziehen (Fittkau & Maaß 2008). Die sich in der Online-Welt entwickelten Möglichkeiten (Vgl. Kapitel 2.1.1) für Käufer, sich über bestimmte Produkte informieren zu können und selbst Kritiken und Bewertungen schreiben zu können sind enorm. Deshalb werden im folgenden Kapitel die wichtigsten Formen und Plattformen für Online-Produktbewertungen erläutert und vorgestellt. Im anschließenden Abschnitt wird auf die Wichtigkeit dieser für das Online-Business eingegangen.

2.1.3.1 Formen der Bewertung

Über die Zeit haben sich, aufgrund des steigenden Vertrauens und der Verbreitung der Produktbewertungen, verschiedenste Formen und Plattformen für das OWom entwickelt. Hierbei haben sich zwei Arten als Hauptarten der Online-Bewertungen gezeigt. Die direkte Bewertung von Artikeln sowie die indirekte Bewertung durch das Teilen von Erfahrungen über eine Marke oder eines Verkäufers meist ohne direkten Produktbezug. Diese beiden werden im Folgenden zum besseren Verständnis vorgestellt. Des Weiteren werden Beispiele genannt, in welchen Bereichen welche Form Anwendung findet und wie diese jeweils umgesetzt wird.

2.1.3.1.1 Indirekte Bewertungen einer Marke oder eines Verkäufers

Die Verkaufsform der Online-Flohmärkte wie „Kleiderkreisel" oder „Shpock", auf denen Privatpersonen gebrauchte Dinge anbieten und ebenfalls Privatpersonen diese durchsuchen und kaufen können sind ein in den letzten Jahren explosiv gewachsener Geschäftszweig. So hat „Kleiderkreisel" laut eigenen Aussagen auf seiner Website (Kleiderkreisel a 2017) täglich 11.000 neue Mitglieder und insgesamt bereits 12 Millionen Mitglieder verteilt auf 10 Länder. Der Zugang zu dieser Community ist ziemlich einfach, da für eine Anmeldung lediglich eine E-Mail-Adresse, ein frei wählbarer Mitgliedsname sowie ein Passwort benötigt wird (Kleiderkreisel b 2017). „Shpock" hat an dieser Stelle noch eine weitere Hürde eingebaut: Die Angabe einer Handynummer, welche durch einen als SMS zugesendeten Code bestätigt werden muss. Sobald man einen Account erstellt und diesen durch eine an die E-Mail-Adresse gesendeten Link (Kleiderkreisel) bzw. die Bestätigung der Handynummer (Shpock) erhalten hat, kann man sofort nach Artikeln suchen. Für einen Kauf oder Verkauf wird dann allerdings noch eine Bankverbindung oder die Angabe einer anderen Online- Zahlungsmöglichkeit benötigt. Das Einstellen des Artikels sowie der Kauf eines Artikels sind sowohl auf „Shpock" als auch auf „Kleiderkreisel" für beide Parteien kostenlos, „Kleiderkreisel" bietet lediglich einen sogenannten „Transaktionsschutz" an, welcher „einmalig 0,70 EUR plus 4% des Verkaufspreises pro Transaktion" (Kleiderkreisel c 2017) kostet.

Eine den Online-Flohmärkten ähnliche Art des Online–Vertriebs sind Online- Auktionshäuser. Hier stellen sowohl Privatpersonen als auch Unternehmen ihre (auch teilweise gebrauchten) Waren zum Verkauf ein und Privatpersonen können hierauf genauso wie in einem Auktionshaus bieten. Der Höchstbietende zum Angebotsschluss bekommt den Zuschlag und kauft im Anschluss das Produkt zum gebotenen Preis. Das bekannteste Beispiel für ein solches Online-Auktionshaus ist „eBay". „eBay" besitzt nach eigenen Angaben weltweit 165 Millionen aktive Käufer (eBay 2017) und hatte alleine im dritten Quartal 2016 ein Handelsvolumen von 19 Milliarden US-Dollar. Bei diesem Konzept des Online-Handels zahlt der Käufer lediglich den Kaufpreis, der Verkäufer hingegen zahlt einen bestimmten Anteil des Verkaufspreises als Provision an eBay (jedoch nur im Falle eines Verkaufs).

Sowohl bei Online-Flohmärkten als auch bei Online-Auktionshäusern hat jeder Käufer und Verkäufer nach Abschluss der Transaktion die Möglichkeit, den jeweils anderen zu bewerten. Hierfür steht meist eine drei-/fünf- oder zehn-Sterne Bewertungsskala zur Verfügung, auf welcher der Transaktionspartner von schlecht bis sehr gut bewertet werden kann. Des Weiteren gibt es oft ein Textfeld, in dem eine genauere Erläuterung der Kritik bzw. des Lobes verfasst werden kann.

Diese Bewertungen sind auf dem öffentlichen Profil des jeweiligen Nutzers meist sowohl als Durchschnittswert als auch einzeln einsehbar, wodurch sich jeder andere Nutzer vor einem möglichen Kauf oder Verkauf ein Bild über die Vertrauenswürdigkeit der Person machen kann. Diese Bewertungen sind nicht löschbar und auch meist weit in die Vergangenheit einsehbar, weshalb jeder Nutzer auf das Einhalten der Regeln bedacht sein sollte, um schlechte Bewertungen zu vermeiden. Diese Bewertungen beziehen sich jedoch nur auf den Nutzer an sich und haben keinerlei Bezug zu einem verkauften Artikel.

Diese indirekte Art der Bewertung (in den oben genannten Beispielen viel mehr eine Bewertung eines Verkäufers statt der Marke direkt) findet im Online-Geschäft größtenteils nur auf diesen Plattformen Anwendung, da es kaum Wege gibt, sich nur über eine Marke auszutauschen. Der einzige Weg hierfür ist über Foren, in denen gezielt nach einer Firma bzw. Marke gefragt wird und von anderen Nutzern eigene Meinungen kundgetan werden.

2.1.3.1.2 Direkte Bewertungen der Produkte

Als am weitesten verbreitete Art von Online Bewertungen gelten die direkte Beurteilung der Artikel mittels einer (Sterne-)Bewertung. Hierbei gibt es meist ebenfalls ein zusammenfassendes Bild über die vorhandenen Rezensionen sowie die einzelnen Bewertungen selbst. Diese Form ist vor allem in sogenannten Online-Kaufhäusern zu finden, welche entweder spezialisiert eine Produktart/-kategorie anbieten oder auch von Elektronikartikel über Haushaltswaren bis Kleintierbedarf viele Produktkategorien abdecken. Das bekannteste Beispiel in Deutschland hierfür ist „Amazon" (Statista b 2014). Hier wurden beispielsweise alleine in Deutschland im Jahr 2013 ca. 7,8 Milliarden € umgesetzt (UNITED STATES SECURITIES AND EXCHANGE COMMISSION 2014). Dieser Umsatz verteilt sich auf insgesamt über 40 Kategorien wie beispielsweise Bücher, Bürobedarf & Schreibwaren, Elektronik & Foto aber auch Lebensmittel & Getränke.

Produktbewertungen werden bei Online-Kaufhäusern wie „Amazon" oder „HSE24" jedem Artikel einzeln zugewiesen und auf der Verkaufsseite des Produktes auf zwei Arten angezeigt: eine zusammenfassende Sterne/Punkte Bewertung über alle bisher abgegebenen Bewertungen, welche dem Durchschnitt dieser entspricht, sowie den einzelnen Bewertungen als Sterne-/Punkte-Bewertung mit einer schriftlichen Rezension, welche die Anzahl der Sterne/Punkte rechtfertigt und die Gründe für die Bewertung wiedergeben sollten.

Eine Bewertung kann hier entweder jeder einzelne Kunde abgeben, welcher dieses Produkt bereits mindestens einmal gekauft hat oder, wie bei „Amazon" und „HSE24", alle Kunden, welche auf dieser Seite angemeldet sind und unter Umständen das Produkt selber noch nie benutzt haben. Für eine Bewertung werden dann, neben einem Account, eine Überschrift oder Zusammenfassung der Rezension sowie eine schriftliche Ausführung, welche mindestens einen Umfang von 20 Wörter hat, verlangt. Hinzu kommt die bereits erwähnte Sterne-Bewertung mit möglichen ein bis fünf Sternen für „Gefällt mir gar nicht" bis „Gefällt mir sehr". Die Produktbewertung des Nutzers wird dann nach Prüfung durch einen Mitarbeiter oder Algorithmus sowohl bei „Amazon" als auch bei „HSE24" entweder verworfen (auf-grund von Verletzung der Richtlinien für das Erstellen von Produktbewertungen, siehe hierzu auch Kapitel Manipulation von Online-Bewertungen) oder akzeptiert und auf der Produktseite veröffentlicht. Diese Bewertung ist ab diesem Zeitpunkt meist über Jahre auf der Internetseite gespeichert und von anderen Nutzern einsehbar (Haugtvedt et al. 2005, S38)

2.1.3.2 Stellenwert von Produktbewertungen im Online-Business

Wie wichtig Produktbewertungen im Online-Geschäft inzwischen sind, zeigt sich an der großen Zahl von Kunden, welche sich nicht mehr nur auf Angaben der Hersteller stützen, sondern auch die Meinungen anderer Privatpersonen in ihre Kaufentscheidung einfließen lassen. So hat das Institut für Demoskopie Allensbach in ihrer Studie „Internetinduzierte Veränderungen von Kaufentscheidungen und Kaufverhalten" (Institut für Demoskopie Allensbach 2008) bereits im Jahr 2008 festgestellt, dass 98% zur Produktrecherche das Internet einsetzen. Zudem hat eine Umfrage im Dezember 2016 im Auftrag des Digitalver-bands Bitkom unter 1.114 Online-Käufern ab 14 Jahren ergeben, dass 65% (Bitkom 2008) der Befragten Kundenbewertungen in Online-Shops als Grundlage für ihre Entscheidung für oder gegen ein Produkt sehen. Für die Altersgruppe von 14 bis 29 Jahre sind es sogar schon 75%, die Kundenrezensionen vor einem Kauf lesen. Andere Informationsmöglich-keiten, wie Preisvergleichsseiten (mit 51%), die persönlichen Gespräche mit Familie, Freunden und Kollegen (mit 50%) hängen hier etwas nach. Die Consoline AG hat zudem in einer Umfrage im Jahre 2008 (Consline AG 2008) festgestellt, dass Kundenberater in einem Geschäft nur noch für 12,3% als eine wichtige Informationsquelle gelten.

Die Bewertungen anderer Käufer sind für 39% (Bitkom 2008) der Online-Käufer so wich-tig, dass sie weniger Vertrauen in Produkte haben, zu denen bisher keinerlei Produktbewer-tungen verfasst wurden. Da das Verfassen von Produktbewertungen „frei von eigenen wirt-schaftlichen Interessen" (Schwarz 2013) ist, genießt OWom eine weitaus größere Glaub-würdigkeit gegenüber den kommerziellen Werbeanzeigen und Beschreibungen der Mar-ken/Verkäufer. Dennoch gaben 19% der Befragten an, ein generelles Misstrauen in Pro-duktbewertungen zu haben, da diese manipuliert oder gefälscht sein könnten (Bitkom 2008), bei Senioren ab 65 Jahren sind es sogar 25%, die kein Vertrauen in OWom haben. An diesen Zahlen lässt sich erkennen, dass Produktbewertungen im Offline-Geschäft, aber vor allem im Internet inzwischen eine enorme Rolle spielen und somit über die Zeit eine der größten Einflüsse auf die Kaufentscheidung geworden sind. Dennoch könnte durch Zweifel an der Integrität von Bewertungen ein Vertrauensproblem entstehen, weshalb im folgenden Abschnitt ein Überblick über manipulierte Bewertungen im Internet gegeben wird.

2.2 Manipulation von Online-Bewertungen

Die von den Nutzern erstellten Bewertungen sind nur schwer von Herstellern beeinflussbar und haben durch die in Kapitel Stellenwert von Produktbewertungen im Online-Business erwähnte hohe Glaubwürdigkeit einen großen Einfluss auf die Verkaufszahlen des Produktes. Um das mögliche schlechte Image und somit auch den Verkauf zu verbessern, haben manche Unternehmen bereits in der Vergangenheit versucht, Produktbewertungen bewusst zu manipulieren. Durch den in Kapitel Direkte Bewertungen erwähnten leichten Zugang zu Produktbewertungsplattformen bzw. einem Nutzeraccount und der relativ geringen Sicherung der Authentizität der Rezensionen seitens der Online-Kaufhäuser und das daraus resultierende leichte Erstellen von Bewertungen entsteht ein Authentizitätsproblem auf zwei Ebenen: Zum einen bei der freien Anmeldung auf vielen Bewertungsseiten bei vielen Online-Shops (z.B. Amazon) und der freien Abgabe von Bewertungen, zum anderen bei der Kontrolle der vielen Bewertungen durch den Betreiber der jeweiligen Seite, da es bisher vielen Anbietern solcher Seiten schwer fällt wirklich gefälschte Bewertungen von realen zu unterscheiden und diese auszusortieren (Amersdorffer et al. 2010).

Abbildung 2.4: Darstellung der Authentizizätsprobleme Quelle: (Amersdorffer et al. 2010 S. 63)

Im Folgenden werden sowohl Gründe und gängige Praktiken zur Manipulation von Produktbewertungen, als auch die Verbreitung und Gegenmaßnahmen vorgestellt.

2.2.1 Gründe und Vorgehen

Die einfachste und effizienteste Möglichkeit für Hersteller Einfluss auf Produktbewertungen zu nehmen ist, diese direkt zu manipulieren. Dies geschieht durch gezieltes Erstellen von guten Bewertungen eines Produktes entweder der eigenen Marke oder aber durch das Erstellen von direkten schlechten Rezensionen über ein Konkurrenzprodukt.

Eine direkte Beeinflussung durch das Unternehmen ist allerdings meist nicht praktikabel, viel mehr hat sich hierfür, vor allem im asiatischen Raum, ein eigenes Dienstleistungsfeld gebildet: Die gekaufte Manipulation von Online- Produktbewertungen. Ein bekanntes Beispiel hierfür waren die Websites www.shuijunwang.com und www.fiverr.com, welche inzwischen jedoch nicht mehr existieren bzw. gegen welche bereits 2015 Klage erhoben wurde (Welt 2015). Neben diesen, in der Vergangenheit sehr populären Seiten, gab und gibt es immer wieder Versuche das Potenzial dieses Geschäftsfeldes zu nutzen. Www.shuijunwang.com hatte sich darauf spezialisiert, „für Firmen die Durchführung der Manipulation elektronischer Mundpropaganda" (Droste 2014) anzubieten. Dieses verlagern der Manipulation bietet den Unternehmen Kostenvorteile, da keine eigene Abteilung hierfür aufgebaut werden muss bzw. Mitarbeiter hierfür geschult werden müssen (Hu et al. 2011) und hierauf spezialisierte Dienstleister von Skaleneffekten profitieren können. Des Weiteren sind mögliche Imageschäden bei Aufdeckung der Manipulation auf diese Weise geringer, als wenn die Manipulation direkt vom Unternehmen vorgenommen wird (Mayzlin et al. 2014).

Das Erstellen von Produktbewertungen kann, wie einleitend erwähnt, entweder eine positive Manipulation (im Folgenden auch „good-mouthing" genannt) der eigenen Verkaufsgüter darstellen, oder aber durch eine negative Manipulation (im Folgenden auch „badmouthing" genannt) der Konkurrenzprodukte/-marke geschehen. Diese zwei Formen und ihre Gründe werden im Folgenden genauer vorgestellt.

2.2.1.1 Besserstellung des eigenen Produkts

Als good-mouthing werden jegliche Manipulationen von Bewertungen der eigenen Marke bzw. der eigenen Produkte einer Firma im positiven Sinne bezeichnet. Die Bewertungen der Produkte ist hierbei jedoch die verbreitetere Methode, da sie häufig unkomplizierter ist. Hierbei spielt es keine Rolle, ob diese direkt durch das Unternehmen selber oder durch Dritte geschieht, welche im Auftrag des Unternehmens handeln. Das Vorgehen ist hierbei meist recht einfach, da (wie in Kapitel Direkte Bewertungen der Produkte erwähnt) bei den gängigsten Seiten wie Amazon oder HSE24 das Produkt nicht gekauft werden muss, um eine Bewertung hierfür abgeben zu können. So wird lediglich ein Account auf der jeweiligen Website des Online-Shops benötigt, welcher recht schnell mit Hilfe einer gefälschten Email-Adresse erstellt werden kann. Die Bewertungen werden teilweise nicht mehr per Hand und einzeln abgegeben, sondern mittels eines Computerprogramms, welches die Bewertungen aus in Datenbanken gespeicherten Standardtexten zufällig zusammensetzt. So können innerhalb weniger Stunden bzw. Tage mehrere hundert Bewertungen für das eigene Produkt generiert werden und somit ehrliche (eventuell kritische) Bewertungen vertuscht werden.

Eine Methode ohne eigene Programme oder externe Unternehmen, welche für positive Rezensionen sorgen, ist die Belohnung der Kunden, welche das Produkt bereits gekauft haben, wenn sie das Produkt mit sehr gut bewerten. Dies kann in Form von Rabatten, Gutscheinen oder Rückzahlungen geschehen. Manchmal geben Unternehmen Produkte auch gratis an Tester mit der Bedingung, dass diese das Produkt online mit sehr gut bewerten und eine authentische Beschreibung beifügen. Auf diesem Wege können beide Parteien einen Nutzen aus solchen Werbeaktionen ziehen.

Ein weiteres Szenario, in dem sich die positive Manipulation der eigenen Produkte eignet ist ein neues Produkt, zu welchem noch keine bzw. kaum Bewertungen vorliegen. Da Produkte mit vielen Rezensionen meist weiter oben in den Suchergebnissen angezeigt werden, können gefälschte Bewertungen dazu führen, dass das neue Produkt im Rang der Suchergebnisse steigt und somit mehr potenzielle Kunden das eigene Produkt anklicken und eventuell kaufen.

Das berühmteste Beispiel für eine solche Manipulation war im Jahre 1999. Hier wurden jugendliche Fans der Sängerin Britney Spears auf verschiedenen Online-Foren der Sängerin kontaktiert und auf eine neue Sängerin aufmerksam gemacht: Christina Aguilera. Diese Nachrichten waren im Stile eines Britney Spears Fans geschrieben und wurden so auch von der breiten Masse als solche eingeordnet. In Wirklichkeit stammten ein Großteil der Nachrichten allerdings von einer Promotion Firma, welche mit dieser Marketing Kampagne eine enorme Werbewelle angestoßen hat und somit dafür sorgte, dass Aguileras erstes Album auf Platz 1 der Charts landete (Mayzlin 2006).

Um das Risiko der Aufdeckung zu minimieren wurden inzwischen komplexe Programme und Wege entwickelt, die es für einen Laien recht schwer machen gefälschte und echte Bewertungen unterscheiden zu können. Hierbei werden die gefälschten Bewertungen über einen langen Zeitraum abgegeben und die Texte der jeweiligen Bewertung immer realitätsnäher geschrieben bzw. zusammengesetzt. Zudem werden auch immer wieder innerhalb der Bewertungen kleinere Kritikpunkte genannt um das Bild einer realen Bewertung aufrechtzuerhalten. Als weiterer Sicherheitsmechanismus wird auch zwischen zwei Bewertungen meist die IP-Adresse geändert, sodass auch für den Shop-Betreiber kaum mehr erkenntlich ist, ob mehrere Bewertungen von einer fiktiven oder einer echten Person geschrieben wurden.

2.2.1.2 Schlechterstellung von Konkurrenz-Produkten

Als weitere Möglichkeit der Manipulation gilt das überharte Kritisieren anderer Konkurrenzprodukte. Hierbei werden, wie in Kapitel Besserstellung des eigenen Produkts beschrieben, ebenfalls Bewertungen in großer Zahl gefälscht. Das Ziel dieser Art der gefälschten Rezensionen sind allerdings nicht die eigenen Produkte und somit das direkte Steigern der eigenen Verkaufszahlen, sondern die Waren der Konkurrenz und so ein indirektes Steigern des eigenen Umsatzes durch das Umlenken der Kunden auf die eigenen Erzeugnisse.

Da es in der heutigen Zeit eine hohe Anzahl an Konkurrenzfirmen in nahezu jedem Produktfeld gibt, ist es bei dieser Art der Manipulation schwierig den Initiator hierfür ausfindig zu machen und im Falle einer Aufdeckung der Manipulation zur Rechenschaft zu ziehen. Zudem ist diese Art der Fälschungen schwierig als solche zu enttarnen, da es Menschen leichter fällt negative Emotionen und Kritik in nachvollziehbarer und natürlicher Art zu imitieren als positive. Dies führt dazu, dass schlechte Bewertungen meist noch realitätsnäher wirken und somit kaum mehr von realen schlechten Rezensionen unterscheidbar sind.

Da das bad-mouthing jedoch keinen direkten Einfluss auf die eigenen Verkaufszahlen hat und auch den Umsatz anderer Konkurrenzfirmen steigert, ist diese Methode im Vergleich zum good-mouthing zwar bei weitem nicht so effektiv, jedoch ist eine Aufdeckung dieser Manipulation nahezu unmöglich und somit risikoärmer für das Unternehmen.

2.2.2 Gegenmaßnahmen

Durch immer wieder auftauchende Schlagzeilen auf verschiedenen Nachrichtenseiten wie Zeit (2012) oder Süddeutsche (2015), dass Bewertungen manipuliert werden und wurden, mussten die Betreiber von Online-Shops handeln um die Glaubwürdigkeit der Online-Bewertungen auf ihrer Seite und somit die Glaubwürdigkeit der gesamten Seite hochzuhalten. Dies geschah am Beispiel Amazon durch mehrere Mechanismen, welche es den Nutzern unter anderem erst nach dem Kauf eines beliebigen Artikels ermöglicht Bewertungen zu Produkten zu verfassen (Amazon b 2017). Zudem „können bis zu 5 Rezensionen pro Woche verfassen, die nicht mit dem Zusatz ‚Verifizierter Kauf' versehen sind." (Amazon b 2017), was das schnelle Manipulieren von vielen Produkten nahezu unmöglich macht. Des Weiteren wird jede Bewertung bevor sie öffentlich gemacht wird auf klassische Manipulationsmerkmale geprüft und ein Account, dessen Bewertung zu einem Produkt abgelehnt wurde, kann dieses auch nicht noch einmal bewerten (Amazon b 2017).

Der oben angesprochene Zusatz „Verifizierter Kauf" wird für Rezensionen verwendet, welche nach dem erfolgreichen Kauf dieses Produktes auf Amazon abgegeben wurde (Amazon a 2017). Dies zeigt anderen Kunden, dass die bewertende Person reale Erfahrungen mit dem Produkt sammeln konnte und kennzeichnet somit besonders vertrauenswürdige Bewertungen. Als weiterer Sicherheitsmechanismus gegen gefälschte Rezensionen behält sich Amazon vor, für Produkte, die „eine ungewöhnlich hohe Anzahl an Rezensionen über einen sehr kurzen Zeitraum erhalten […] nur noch Rezensionen mit dem Zusatz ‚Verifizierter Kauf' zuzulassen." (Amazon b 2017)

Andere Seiten haben ähnliche Sicherheitsmechanismen eingeführt, um die Integrität der Bewertungen zu schützen. Hierbei ist das meist verwendete Mittel die bereits oben angesprochenen Algorithmen zur Prüfung der Rezensionen und zum Verwerfen von augenscheinlich gefälschten Bewertungen. Das in Kapitel Direkte Bewertungen der Produkte erwähnte Beispiel des Online-Shops „HSE24" bietet im Gegensatz zu Amazon jedoch keine Möglichkeit an, an einer Rezension zu erkennen, ob das Produkt vor der Bewertung bereits gekauft wurde oder ob die Rezension möglicherweise auch ohne praktische Erfahrung mit der Ware verfasst wurde.

2.3 Verwandte Arbeiten

Im Laufe der Literaturrecherche für diese Bachelorarbeit kamen immer wieder wissenschaftliche Texte und Arbeiten ans Tageslicht, welche sich bereits mit ähnlichen Themen befasst und diese diskutiert haben. Diese werden im Folgenden vorgestellt und aufgezeigt, wo die hier erstellte Arbeit themenmäßig ansetzt und welche relevante Forschungslücke der Literatur durch diese Arbeit geschlossen wird.

Während das Thema der Online-Produktbewertung in der Literatur sehr oft und ausführlich diskutiert wird bzw. wurde und eine Aufzählung einzelner Texte an dieser Stelle keinen Sinn macht, wird die Manipulation im OWom eher selten betrachtet. Dina Mayzlin und Chevalier (2006), Chrysanthos Dellarocas (2006) und Friedrich Droste (2013) haben sich speziell mit diesem Thema beschäftigt und in ihren Texten sowohl das good-mouthing als auch das bad-mouthing behandelt.

Mayzlin (2006) hat in ihrer Arbeit „Promotional Chat on the Internet" das Thema der Besserstellung der eigenen Produkte bzw. Marke mit Hilfe von Manipulation behandelt und Möglichkeiten sowie die Auswirkungen hiervon betrachtet. Das Thema der Schlechterstellung anderer Marktteilnehmer mittels gefälschten schlechten Bewertungen der Konkurrenzprodukte wurde jedoch komplett außen vorgelassen. Im Jahre 2012 haben Mayzlin und Godes in ihrer erneuten Arbeit das Thema Manipulation von Produktbewertungen um badmouthing erweitert und auch hier Einflüsse, Gründe und Wege untersucht (Mayzlin et al. 2014). Hierbei sind sie allerdings vor allem auf mögliche Einflüsse der Unternehmensstruktur auf das Manipulationsverhalten eingegangen. Dellarocas (2006) hat in seiner Arbeit untersucht, welche Form der Manipulation besser ist und hierbei festgestellt, dass das Schlechterstellen anderer Marktteilnehmer qualitativ gesehen dem good-mouthing der eigenen Produkte gleichgestellt ist. Zudem kam er zu dem Schluss, dass „negative Emotionen leichter zu imitieren sind als positive" (Droste 2014). Auch Schwarz (2012) hat in seinem Buch „Leitfaden Online Marketing" lediglich die Besonderheiten des sich entwickelten Web 2.0 für das Marketing in der heutigen Zeit sowie in der Zukunft thematisiert. Als weiterer Punkt wurde im Buch von Schwarz ein Augenmerk auf generelles Marketing in sozialen Netzwerken gelegt. Die Manipulation von Produktbewertungen wurde hier allerdings nicht behandelt.

Die Texte untersuchten alle mögliche Gründe und Auswirkungen von Unternehmens- oder Marktstrukturen auf das Manipulationsverhalten der Firmen. Das Thema des Bewusstseins der Käufer, dass Bewertungen in Online-Shops gefälscht und manipuliert sein könnten, wurde jedoch komplett außen vorgelassen. Auch der potenzielle Einfluss dieser Gefahr auf das Kaufverhalten wurde bisher nicht betrachtet. An dieser Stelle knüpft diese Arbeit an und versucht diese Lücke in der Literatur zu schließen und mögliche Einflüsse aufzuzeigen. Dies wird durch die im folgenden Kapitel erklärte Methode umgesetzt.

3 Methode

Nachdem im vorstehenden Teil in die theoretischen Hintergründe dieser Arbeit eingeführt wurde und der Ansatzpunkt an die bisherige wissenschaftliche Literatur gegeben wurde, wird im Folgenden die oben genannte Fragestellung nach einem Einfluss von potenziell manipulierten Produktbewertungen auf das Kaufverhalten mittels einer Umfrage beantwortet. Im Folgenden wird zu Beginn der Umfragebogen sowie die Auswahl der Probanden vorgestellt. Im anschließenden Kapitel werden die Ergebnisse aufbereitet und erläutert.

Die Durchführung der Befragung wurde mit Hilfe eines digitalen Fragebogens ohne Einschränkungen oder Vorauswahl der Probanden getätigt. Hierbei wurden sowohl dichotome Fragen, als auch Ratingskalen mit skalierten Antworten und Fragen mit Einfach- und Mehrfachauswahl verwendet. Es wurden in einigen Fällen auch Ergänzungsoptionen angeboten. Um Gründe für eine Entscheidung herauszufinden, ohne den Befragten hierbei durch mögliche Antworten zu beeinflussen, wurden ebenfalls zwei Mal offene Fragen gestellt. Die genauen Fragestellungen und den genaueren Ablauf des Fragebogens werden in Kapitel Fragebogen vorgestellt.

Die Verbreitung der Umfrage geschah im Zeitraum vom 20. Februar 2017 bis 20. März 2017 und wurde vor allem durch soziale Netzwerke wie Facebook verbreitet. Um das Feld der potenziellen Probanden zu erweitern, wurde der Fragebogen zudem auf der Seite https://www.poll-pool.com/ eingetragen. Hier werden für beantwortete Umfragen anderer Punkte gesammelt, welche wiederum für die Beantwortung des eigenen Fragebogens von Dritten genutzt werden kann.

Die erlangten Ergebnisse wurden anschließend mit dem Statistikprogramm SPSS aufbereitet und ausgewertet. Das weitere Vorgehen wird im folgenden Kapitel beschrieben.

3.1 Auswahl der Probanden

Die Umfrage wurde offen verbreitet und hatte insgesamt eine Anzahl von 102 Teilnehmern. 2 Werte dieser Befragten wurden aufgrund von offensichtlich absichtlich gegebenen Falschangaben nicht für die weitere Verwertung der Daten verwendet. Die Teilnehmer verteilten sich bezüglich des Alters auf 19 bis 54 Jahre. Die größte Anzahl der Teilnehmer der Studie waren 23 Jahre alt (23 Personen) wobei 55% der Befragten waren 23 Jahre oder jünger waren. Lediglich 10% (10 Personen) waren über 30 Jahre alt. Aufgrund einer durchgeführten Regressionsanalyse konnte jedoch festgestellt werden, dass es keine Abhängigkeit (Signifikanz: 0,422 und somit größer als 5%) zwischen dem Alter und dem Bewusstsein bezüglich Manipulation im Bereich Produktbewertungen gibt, weswegen auch die Werte der oben genannten 10% der Personen über 30 Jahren ohne weitere Annahmen in die Ergebnisse der Umfrage einfließen können. Die Geschlechterverteilung war ausgeglichen, so waren insgesamt 48% der Probanden weiblich, die restlichen 52% männlich.

Weitere Einschränkungen bezüglich des höchsten Bildungsabschlusses wurde nicht getroffen, sodass jeder Bildungsabschluss mindestens einmal vertreten war. Bezüglich des Berufsstandes gaben 64% an in einer Ausbildung bzw. Student oder Schülerin zu sein, 28% waren Angestellte oder Beamte und 6 Personen gaben an selbstständig zu sein. Lediglich 2 Befragte gaben an, einen nicht aufgezählten Beruf auszuüben.

3.2 Fragebogen

Der genutzte Fragebogen, welcher mit Hilfe der Seite *http://web01.iis.uni-bamberg.de* des IIS-Lehrstuhls der Universität Bamberg generiert wurde, umfasste nach der einleitenden Seite mit allgemeinen Informationen über die Arbeit und die Umfrage 5 Seiten, auf welchen die Informationen über das Kaufverhalten und das Bewusstsein der Befragten um Manipulation von Produktbewertungen und dessen möglicher Einfluss auf das Kaufverhalten in Erfahrung gebracht wurde. Im Folgenden werden die einzelnen Abschnitte der Umfrage genauer ausgeführt.

Um Aussagen über verschiedene Gruppen treffen zu können wurden zu Beginn des Fragebogens Angaben zur Person abgefragt. Hierzu zählen neben Fragen bezüglich des Alters und des Geschlechts auch Informationen über den höchsten Bildungsabschluss und das aktuelle Berufsfeld.

Im Anschluss folgten Fragen, welche das Online-Kaufverhalten des Probanden betrafen. Dies beinhaltet Fragen über die Häufigkeit und den Umfang von Online-Einkäufen sowie die Art der besuchten Online-Shops. Des Weiteren wurden bereits hier Angaben bezüglich der Möglichkeit der Bewertung von Produkten und dem eigenen Engagement hierfür eingeholt. Ferner wurden einige mögliche positive wie auch negative allgemeine Eigenschaften von Bewertungen und deren Einfluss auf die Glaubwürdigkeit derer abgefragt. Hierzu zählten Eigenschaften wie „eine lange und detaillierte Beschreibung" oder „es sind nur positive Eigenschaften genannt" (weitere Eigenschaften siehe Anhang).

Um den möglichen Einfluss von potenziell manipulierten Bewertungen auf die Kaufentscheidung zu überprüfen, hatten die Probanden auf der nächsten Seite zwei T-Shirts zur Auswahl, welche mit Bild, Beschreibung, Preis und einigen Bewertungen versehen waren. Die Auswahl dieser Produktkategorie wurde aufgrund von im Vorhinein durchgeführten Recherchen zu den meist besuchten Online-Shops getroffen. Diese Annahme hat sich, wie in Kapitel 4 ersichtlich, bestätigt. Auch bei unserer Umfrage waren Online-Shops für Kleidung die meist genannte Kategorie. Im Falle der T-Shirts wurde ein Produkt mit sehr kurzen und auch teilweise grammatikalisch falschen, jedoch durchweg sehr guten Bewertungen versehen, während das andere längere, aussagekräftigere, und vor allem auch Bewertungen mit Kritikpunkten und im Durchschnitt 4,5 Sterne hatte. Beispiele für Bewertungen des 5-Sterne Produkts waren „Ist Tshirt Super!!" und „Wunderbar, alles super!". Kritische Bewertungen der zweiten Auswahlmöglichkeit hingegen bemängelten auch Sachen wie die

Verarbeitung oder ein Kratzen des Stoffs am Körper. Der Preis für beide Auswahlmöglichkeiten war mit einem Wert von 9,99 € gleich. Aufgrund von Implementationsproblemen konnte allerdings lediglich ein Abbild der jeweiligen Produktseite gezeigt werden und nicht, wie eigentlich geplant, ein voll funktionsfähiger Onlineshop. Zwischen diesen beiden T-Shirts musste sich der Proband entscheiden und konnte im Anschluss noch Aussagen treffen, warum er sich für das jeweilige entschieden hatte.

Um eventuelle Abhängigkeiten der Entscheidung bei der Produktgruppe Kleidung ausschließen zu können wurden die Probanden anschließend in einer weiteren Produktkategorie um ihre Meinung gefragt. Hierbei wurde die Kategorie des Handyzubehörs (genauer Handyhüllen) verwendet, da hier geringe Preise und eine eher große Marken- bzw. Angebotsvielfalt herrscht, was einen Einfluss einer bestimmten Marke auf die Kaufentscheidung hinfällig werden lässt. Zudem wurden (wie ebenfalls in Kapitel Ergebnisse ersichtlich) Online-Shops für Elektronikartikel als zweit meiste Auswahl getroffen. Auch bei den hier präsentierten Waren musste sich der Proband eine Hülle aussuchen, für welche er sich entscheiden würde und konnte danach Gründe für diese Entscheidung angeben. Wie im ersten Fall beschrieben, waren bei einem Produkt ebenfalls nur wenige und kurze Rezensionen angegeben, welche allerdings die höchstmögliche Sternebewertung hatten. Beispiele für diese Bewertungen sind „Perfect. Love it" und „Perfekt. Alles gewesen Perfekt.". Die zweite Auswahlmöglichkeit hatte hingegen im Durchschnitt 4,5 Sterne jedoch längere und teilweise auch kritische Bewertungen wie „Leider sind von der Fertigung noch Spuren an der Hülle". Auch hier war der Preis beider Artikel mit 7,99 € identisch. Auch hier wurden lediglich Bilder der jeweiligen Produktseite präsentiert.

Auf der abschließenden Seite wurde der Befragte bezüglich des Bewusstseins des Probanden über die Möglichkeit der Manipulation von Bewertungen befragt. Wenn der Proband bereits davon wusste, wurde er gefragt, ob er beim Lesen von Bewertungen auf mögliche Anzeichen für Manipulation achtet. Des Weiteren wurde er befragt, ob er sich bereits einmal aufgrund einer (potenziell) manipulierten Bewertung gegen ein Produkt entschieden hat und wie häufig eine solche Manipulation seiner Meinung nach vorkommt. Im Falle des nicht Bewusstseins der möglichen Manipulationen wurde lediglich abgefragt, ob es bereits vorgekommen sei, dass eine Bewertung beim Lesen aufgefallen ist und als potenziell gefälscht eingestuft bzw. als manipuliert wahrgenommen wurde. Für beide Fälle (Wissen und Nicht-Wissen über Manipulation) wurden dann noch Eigenschaften genannt, welche mögliche Indikatoren für Manipulation sein könnten, welche der Proband jeweils als mögliches Anzeichen kennzeichnen oder nicht kennzeichnen sollten.

Die Werte wurden im Anschluss für die Auswertung mit Hilfe des Statistikprogramms SPSS codiert, so dass beispielsweise die Ausprägungen „männlich" und „weiblich" in Ziffern umgewandelt wurden. Hier entspricht eine „1" einer weiblichen Befragten, eine „2" einem männlichen. Diese Umwandlung der Ergebnisse in Ziffern wurde für alle Fragen angewandt, welche keine Eingabe des Befragten mittels einer Eingabemaske erforderten. Die meisten Fragen gaben dem Probanden Auswahlmöglichkeiten auf einer Skala von 1 bis 5 bzw. „stimmt überhaupt nicht" bis „stimmt voll zu". Hier wurden die Werte 1 bis 5 übernommen. Auch bei Fragen, bei denen die Befragten die Möglichkeit hatten zutreffende Aussagen anzukreuzen, wurden codiert. Hier entspricht eine „1" der Auswahl und eines „0" dem nicht-auswählen dieses Punktes.

Die so aufbereiteten Daten konnten für die Auswertung und der damit einhergehenden Überprüfung der Forschungsfrage herangezogen werden.

Die genauen Fragen und Abläufe der Fragen sowie Antwortmöglichkeiten können dem Anhang entnommen werden.

4 Ergebnisse

Durch das in Kapitel Methode beschriebene Vorgehen konnten insgesamt 100 Teilnehmer der Studie gesammelt werden, deren Aussagen und Angaben im Folgenden analysiert und ausgewertet werden sollen. Hierzu wurde das Programm SPSS der Firma IBM verwendet um mögliche Auffälligkeiten und Abhängigkeiten erkennen und deuten zu können. Die Ergebnisse der ersten Seite der Umfrage bezüglich den persönlichen Angaben der Befragten wurden bereits in Kapitel Auswahl der Probanden vorgestellt, da es sich hierbei um demographische Daten sowie direkte Angaben zur Person handelt. Im Folgenden werden die Ergebnisse der zweiten bis fünften Seite vorgestellt.

4.1 Angaben zum generellen Kaufverhalten

Um ein allgemeines Bild über das Kaufverhalten der Befragten in Online-Shops zu bekommen wurden, wie in Kapitel Fragebogen beschrieben, einige Angaben hierzu abgefragt. So gaben bezüglich der Häufigkeit 46% an, „Öfters im Monat" in einem Online-Shop einzukaufen. Lediglich 5 der 100 Probanden kauften mehrmals in der Woche ein und 33% kaufen einmal oder weniger als einmal im Monat Produkte über das Internet. Hierbei waren die Warenwerte pro Monat, welche mit Hilfe des Internets gekauft wurden weitestgehend unter 100 € (79,8%). 18% geben jedoch im Durchschnitt 100 € - 300 € monatlich in Online-Shops aus. Mit 44% war bei dieser Frage eine Ausgabe von 50 € bis 100 € der Wert mit den meisten Stimmen. Mit über 600 € bezifferte keiner der Probanden seine monatlichen Ausgaben im Internet. Da die bisherigen Angaben auf Online-Shops aller Art bezogen waren, wurde im anschließenden Teil die Frage nach der Art der am häufigsten besuchten Online-Märkte gestellt. Hierbei zeigte sich, dass viele (62%) der Befragten angaben vor allem Shops für Kleidungen im Internet zu besuchen, gefolgt von Online-Kaufhäuser für Elektroartikel (37%) und Seiten, auf denen alle Produktkategorien zur Auswahl stehen (34%). Nahrungsmittel (9%), Bücher in Verbindung mit Printmedien (18%) und Haushaltsgegenstände (19%) hingegen werden nicht so häufig besucht. Als weitere Produkt- bzw. Shop- Arten wurden „Online Add-ons/ Spiele für die Konsole", „Möbel", „Pferdefutter und Reitsport Zubehör", „Erotik", „Zugtickets" und „Shisha und Zubehör" angegeben. Jeweils nur mit einer Nennung. Auf den oben genannten Seiten gaben 94% der Befragten an, die Möglichkeit zu haben, sich im Vorhinein mit Hilfe von Produktbewertungen ein Bild über Produkte machen zu können. Jeweils 3% gaben an, diese Möglichkeit nicht zu haben bzw. nicht zu wissen, ob Produktbewertungen auf den von ihnen besuchten Seiten angeboten werden. Auf die Frage, wie wichtig es dem Befragten ist, dass bereits Bewertungen zu einem Produkt vorliegen gaben auf einer Skala von 1 bis 5, wobei 1 „Nicht wichtig" und 5 „Sehr wichtig" entsprach, 38% an, dass es ihnen „sehr wichtig" sei. 34% wählten die „4" und 18 Personen gaben an, dass die Wichtigkeit bei ihnen bei „3" liegt. Die restlichen 10 Probanden gaben an, dass es ihnen „kaum wichtig" bis „nicht wichtig" ist, dass bereits Rezensionen vorliegen. Auf die Frage, ob Bewertungen anderer Nutzer die eigene Kaufentscheidung beeinflussen würde gaben 68% an, dass dies auf einer Skala von „1" bis „5" (wobei „5" einem „Trifft voll zu" entspricht) einen Einfluss von „4" oder mehr hat. Der gleiche Wert ergab sich bei der Aussage, dass überwiegend positive Bewertungen eines Produktes ein Grund dafür sei, es zu kaufen für die Werte „4" und „5". Bei Waren mit überwiegend schlechten Bewertungen würden 71% der Probanden eher dazu neigen diesen Artikel nicht zu kaufen (auch hier die Angabe einer „4" oder „5" auf der oben genannten Skala). Im anschließenden Abschnitt wurden Bewertungseigenschaften aufgezählt und der Befragte konnte auch hier jeweils von „1" bis „5" bewerten, wie wichtig ihnen diese Eigenschaften sind. Hierbei wurden folgende, in der Tabelle ersichtlichen, Ergebnisse erzielt. Es ist jeweils die Anzahl N der Teilnehmer, welche in diesem Fragenabschnitt eine Antwort auswählten, der Mittelwert der Eigenschaft und die Standardabweichung angegeben.

	Aussagekräftiger Titel der Bewertung	Aussagekräftige Beschreibung der Bewertung	Eine lange und detaillierte Beschreibung der Bewertung	Korrekte Grammatik und Rechtschreibung
Mittelwert	2,34	4,14	3,21	3,79
N	96	98	99	99
Standardabweichung	1,065	0,931	1,109	0,982

Tabelle 4.1: Anzahl, Mittelwert und Standardabweichung Frage AK9 Teil 1

	In deutscher Sprache verfasst	Sowohl positive als auch negative Seiten aufgezeigt	Eine hohe Anzahl an vorhandenen Bewertungen
Mittelwert	2,60	3,88	3,73
N	98	99	99
Standardabweichung	1,420	0,972	0,967

Tabelle 4.2: Anzahl, Mittelwert und Standardabweichung Frage AK9 Teil 2

Hier ist zu erkennen, dass eine aussagekräftige Beschreibung der Bewertung für die meisten die wichtigste Eigenschaft bei Betrachtung der Bewertungen zu einem Produkt sind. Als weitere wichtige Charakteristik einer Rezension sehen die Befragten das Aufzeigen von positiven als auch negativen Seiten sowie die korrekte Grammatik und Rechtschreibung. Ebenfalls nicht zu vernachlässigen ist die Anzahl an vorhandenen Bewertungen, was ebenfalls für viele eine wichtige Eigenschaft darstellt. Die Länge und der Detailgrad einer Rezension ist hingegen für die meisten eher weniger signifikant und ein aussagekräftiger Titel spielt für die meisten kaum eine Rolle. Bezüglich der Sprache der Bewertung ist jedoch auch der hohe Wert für die Standardabweichung hervorzuheben, was darauf hindeutet, dass die Meinungen hier stark streuen und für manche trotzdem eine Rolle spielt. Hier gilt es zu beachten, dass auch 13 Personen angegeben habe, dass ihnen eine deutsche Bewertung durchaus „sehr wichtig" ist und deswegen keine allgemeine Aussage über die Wichtigkeit dieser Eigenschaft getroffen werden kann.

Um herauszufinden, welche negativen Eigenschaften einer Bewertung so wichtig für die Befragten sind, dass sie aufgrund dessen diese nicht mit in den Prozess der Kaufentscheidung mit einfließen lassen würden, wurden im nachfolgenden Abschnitt verschiedene Eigenschaften einer Produktbewertung genannt, welche die Befragten mittels einer Skala von „1" („trifft nicht zu") bis „5" („trifft voll zu") bewerten sollten. Die Anzahl N, der Mittelwert sowie die Standardabweichung der gegebenen Antworten werden wiederum in folgender Tabelle aufgezeigt.

	Titel und Beschreibung sind nicht auf Deutsch	Nur positive Eigenschaften genannt	Sehr kurze und allgemeine Beschreibung	Sehr alte Bewertung	Sehr wenige, sehr gute Bewertungen
Mittelwert	2,10	2,46	3,09	2,91	2,51
N	99	99	100	100	99
Standardabweichung	1,225	1,062	1,311	1,207	1,215

Tabelle 4.3: Anzahl, Mittelwert und Standardabweichung Frage AK10

Die Eigenschaften, welche für die Befragten auf den ersten Blick am meisten für ein nicht Beachten einer Bewertung beim Kaufprozess sprechen, sind „Sehr kurze und allgemeine Beschreibung" sowie „sehr alte Bewertung", welche allerdings auch mit die größte Standardabweichung aufweisen, was diese Aussage in Frage stellt.

Da für die Entscheidung für oder gegen ein Produkt auch weitere Faktoren eine große Rolle spielen und die Relation dieser Faktoren auf die Kaufentscheidung zu dem Einfluss von Bewertungen wichtig ist, wurde abgefragt, wie wichtig den Befragten Produktbewertungen im Vergleich zu einzeln aufgeführten Faktoren sind. Hierbei konnten die Probanden die Gewichtung den Rezensionen eines Produktes gegenüber den anderen Faktoren auf einer Skala von „1" („Nicht Wichtig") bis „5" („Sehr Wichtig") bewerten. Die in Relation zu setzenden Faktoren sowie die Anzahl N, der Mittelwert und die Standardabweichung der gegebenen Antworten sind in folgender Tabelle ersichtlich.

	Preis	Beschreibung des Herstellers	Markenimage	Erfahrungen aus dem sozialen Umfeld
Mittelwert	3,08	3,38	2,92	3,42
N	97	99	97	97
Standardabweichung	1,115	0,987	1,096	1,282

Tabelle 4.4: Anzahl, Mittelwert und Standardabweichung Frage AK12

Bei allen Faktoren ergibt sich ein Mittelwert im Bereich von 2.92 bis 3,42, was bei der oben genannten Skala einer Gleichstellung dieser gegenüber den Produktbewertungen gleichkommt. Dies wird auch anhand der Standardabweichung und dem prozentualen Anteil der Befragten, welche die Wichtigkeit der Rezensionen im Vergleich zu den Faktoren im mittleren Bereich (Werte 2, 3 und 4) der oben beschriebenen Skala sahen, deutlich. Hier waren für alle vier Faktoren jeweils über 64% der Stimmen in diesem Segment zu finden. Im Falle des Markenimages sogar 80%. Dies bestätigt die oben genannte These.

4.2 Kaufentscheidung anhand einer Produktseite

Da in dieser Arbeit der potenzielle Einfluss von manipulierten Produktbewertungen auf das Kaufverhalten in Online-Shops untersucht werden soll wurde, wie in Kapitel 3.2 beschrieben, den Probanden die Aufgabe gegeben, sich aus einer Auswahl von jeweils zwei Produkten (T-Shirt und Handyhülle) eines auszusuchen und optional anzugeben, warum er sich für dieses entschieden hat. Das Ergebnis der ersten Auswahl ist in folgender Tabelle angegeben

Produkt	Häufigkeit	Prozent
1	23	23,0
2	77	77,0
Gesamt	100	100,0

Tabelle 4.5: Anzahl der Nennungen für jedes Produkt Frage KE1

Hierbei entspricht Produkt 1 dem T-Shirt mit den wenigen, kurzen und teilweise grammatikalisch fehlerhaften Bewertungen, welche jedoch durchweg positiv waren und keinerlei Kritikpunkte an der Ware äußerten. Produkt 2 dementsprechend das etwas schlechter bewertete T-Shirt mit durchschnittlich 4,5 Sternen und Bewertungen, welche ausführlicher und kritikreicher waren. Hier wählten, wie oben ersichtlich, 77% das zweite Produkt. Das anschließende optionale Textfeld nutzten insgesamt 67 der Befragten um ihre Gründe für die zuvor getroffene Auswahl aufzuzeigen. Hiervon waren 50 Begründungen für die Wahl des zweiten Produkts und 17 für das zweite. Als Gründe für das erste Produkt wurden in 4 Fällen die *„besseren Bewertungen"* angeführt. In 6 Begründungen wurde erwähnt, dass die Entscheidung für das Produkt aufgrund des besseren Bildes gefallen ist. Eine Person gab ebenfalls an, dass sie „*Angst vor den negativen Eigenschaften hätte, welche bei dem 2. Produkt beschrieben werden*". „*Es gibt nur positive Bewertungen wobei man dann auch hofft das die nicht fake sind*" in Verbindung mit dem besseren Bild war ebenfalls ein genannter Grund für das erste Produkt. Probanden, welche sich hingegen für das zweite Produkt entschieden haben gaben in 25 der 50 Begründungen an, dass ihnen die Bewertungen dieses Produktes „*realistischer*", „*objektiver*" erschienen und sie bei den Bewertungen des anderen eine „*Manipulation des Verkäufers*" vermuten. 14 gaben an, dass der Grund für ihre Wahl bei den „*ausführlicheren Bewertungen*" lag. Weitere 10 Personen nannten „*ausführlichere*" und „*aussagekräftigere*" Beschreibungen als Begründung und 7 der Befragten sahen die größere Anzahl an Bewertungen als den Hauptgrund ihrer Auswahl.

Da, wie in Kapitel 3.2 erläutert, auch in einer zweiten Produktkategorie den Probanden die Aufgabe gestellt wurde, sich anhand der Verkaufsseiten zweier Produkte für eines dieser beiden zu entscheiden, wurden hier zwei Handyhüllen aus dem Niedrigpreissegment gewählt. Hierbei war Produkt 1 wiederum das Produkt mit sehr wenigen und überschwänglich guten Bewertungen, welche recht kurz gehalten wurden, während Produkt 2 längere und kritischere Rezensionen aufwies. Hier fiel die Entscheidung der Befragten wie folgt aus.

	Häufigkeit	Prozent
1	16	16,0
2	84	84,0
Gesamt	100	100,0

Tabelle 4.6: Anzahl der Nennungen für jedes Produkt Frage KE4

Hier ist ersichtlich, dass sich auch in diesem Produktfeld der Großteil für das zweite Angebot entschieden haben und der Wert hier noch höher ist als in der Kategorie der T-Shirts. Als Begründungen führten die Probanden verschiedenste Gründe an. Insgesamt begründeten 42 der 84 Probanden, welche sich für das zweite Produkt entschieden haben, ihre Wahl schriftlich im optionalen Teil dieser Frage. Die meisten Nennungen erhielt das Argument der Ausführlichkeit und dem Detailgrad der Bewertungen des zweiten Produkts (14 Nennungen). Als weiteren Punkt wurde in 9 Fällen der Grund für die Auswahl bei der größeren Anzahl der Produktbewertungen gesucht. 8 der Befragten waren der Meinung, dass die Bewertungen der zweiten Auswahl „*glaubwürdiger*" und „*objektiver*" seien. Als weiteres Argument wurde in 5 Fällen ein „*schöneres Bild*" bzw. „*mehr Bilder*" angeführt. Von den Befragten, welche sich hingegen für Produkt 1 entschieden hatten, gaben lediglich 5 eine schriftliche Begründung ihrer Entscheidung an. Hierbei war einer der Meinung, dass für ihn zwar die „*Produktbewertungen von Produkt 2 authentischer*" wirkten, für ihn die „*Produktbeschreibung des Herstellers aber seriöser*" sei und er sich deshalb für das erste entschieden hätte. Die generell „*besseren Bewertungen*" waren ebenfalls für einen der

Grund sich für das erste Produkt zu entscheiden. Für einen der Befragten war die Aussage einer Rezension entscheidend, in welcher gesagt wurde, dass das Handy trotz dieser Hülle bei einem Sturz kaputtgegangen ist. Diese Tatsache in Verbindung mit den durchweg positiven Bewertungen des ersten Produkts haben ihn dazu bewegt sich für dieses zu entscheiden.

4.3 Bewusstsein der möglichen Manipulation im Bereich der Produktbewertungen

Im anschließenden Fragenblock, welcher das generelle Bewusstsein der potenziellen Manipulation von Online- Produktbewertungen thematisierte, gaben 94 der 100 Befragten an, schon einmal von manipulierten Bewertungen gehört zu haben. Diese 94 Personen wurden daraufhin gefragt, ob sie beim Betrachten und Lesen von Bewertungen auf mögliche Anzeichen einer Manipulation achten, was 78% (75 Personen) mit Ja beantworteten. Dennoch gaben lediglich 44 Personen an, sich bereits einmal aufgrund von ihrer Meinung nach manipulierten Bewertungen gegen ein Produkt entschieden zu haben. 50 Befragte hatten diese Frage mit Nein beantwortet. Auf einer Skala von 1 („Nie") bis 5 („Sehr oft") sahen die Befragten die Häufigkeit einer manipulierten Produktbewertung eher im unteren Bereich. Hier sahen 84 der 96 Personen die Häufigkeit der Manipulation bei einer 2 oder 3. Im Folgenden sind der Mittelwert und die Standardabweichung sowie die Anzahl der Antworten auf diese Frage erkennbar.

Mittelwert	2,66
N	94
Standardab-weichung	0,696

Tabelle 4.7: Anzahl, Mittelwert und Standardabweichung Frage BM6_SQ001

Befragte, welche noch nie etwas von Manipulation an Produktbewertungen gehört haben, wurden gefragt, ob ihnen bereits in der Vergangenheit beim Lesen von Bewertungen eine mögliche Fälschung dieser aufgefallen sei. Hier sagten 4 der 6 Probanden aus, dass ihnen so etwas bereits aufgefallen ist. Diese 4 gaben außerdem an, dass ihre Kaufentscheidung davon beeinflusst wurde. Alle 100 Teilnehmer des Fragebogens wurden anschließend 7 Eigenschaften von Bewertungen aufgezählt, von denen die Befragten jene auswählen sollten, welche ihrer Meinung nach ein Anzeichen für Manipulation seien. Den höchsten Wert erreichte hier „Sehr viele gleichwirkende Bewertungen" mit 87% der Teilnehmer. „Sehr kurze Bewertungen" sowie „Sehr allgemein gehaltene Bewertungen" wählten jeweils 58% der Probanden. „Grammatik-/Rechtschreibfehler" sahen 35 Personen als mögliches Anzeichen und „sehr ausschweifende Bewertungen" sowie „Sehr wenige Bewertungen" sahen lediglich 21% bzw. 22% als mögliches Erkennungsmerkmal an. Eine Bewertung, welche nicht auf Deutsch verfasst wurde, sahen nur 17% als einen Grund der Skepsis dieser Bewertung gegenüber. Als weite mögliche Grunde wurden unter anderem *„oft das selbe Datum der Bewertungsabgabe"*, *„nur positive Dinge gesagt"* und *„Benutzung von Floskeln"* bzw. von *„Hyperbeln als Stilmittel"* genannt.

5 Zusammenfasung und Diskussion

Die im vorstehenden Kapitel vorgestellten Ergebnisse des Fragebogens gilt es im Folgenden hinsichtlich der Forschungsfrage auszuwerten und zu diskutieren. Zu Beginn gilt zu sagen, dass durch die Befragten ein breites Bild der Gesellschaft gewonnen werden konnte. So haben nahezu gleichanteilig männliche und weibliche Personen an der Umfrage teilgenommen. Ebenso konnten Personen mit einem breiten Spektrum an Bildungsabschlüssen und ausgeübten Berufen für die Umfrage gewonnen werden. Die Häufigkeit der Einkäufe im Internet und die monatlichen Ausgaben im Internet zeigten, dass die meisten Befragten regelmäßig in Online-Shops einkaufen oder zumindest Erfahrung beim Einkaufen im Internet haben. Die meist besuchten Shop-arten waren hier, wie im vorstehenden Kapitel erwähnt, Elektronikshops und Online-Kaufhäuser für Kleidung. Dies entspricht genau den Kategorien, aus welchen die Probanden jeweils ein Produkt wählen sollten, sodass hier davon auszugehen ist, dass die Befragten bereits Erfahrung mit den Kaufvorgängen in diesen Kategorien haben.

Den Eigenschaften einer Bewertung, welche zu einem Ausschluss dieser aus der Kaufentscheidung führen würden, wurden sehr differenzierte Werte gegeben. So lässt sich generell sagen, dass es den Teilnehmern der Umfrage augenscheinlich schwer fällt allgemeingültig festzulegen, ob sie eine Bewertung aufgrund einer negativen Eigenschaft ausschließen würden. Viel mehr deutet dies darauf hin, dass es jeweils eine Einzelfallentscheidung ist, ob eine oder auch mehrere der genannten Eigenschaften ausreichen um die Bewertung als nicht relevant für die Kaufentscheidung einzuordnen. Dies lässt sich auch in den Begründungen der Produktauswahl sehen, da hier meist eine Mehrzahl an Gründen genannt wurde und es in den meisten Fällen nicht an einem einzelnen Kriterium gelegen hat. Bei den Gründen für ein Produkt fällt auf, dass die in Frage AK9 gegebene Eigenschaft *„Eine lange und detaillierte Beschreibung der Bewertung"* lediglich mit einem Mittelwert von 3,21 ausgewählt wurde. Diese Eigenschaft war jedoch sowohl bei der ersten als auch bei der zweiten Produktauswahl eines der am häufigsten genannten Gründe für ein Produkt. Dass bei einer Bewertung *„sowohl positive als auch negative Seiten aufgezeigt"* werden war jedoch, wie in Frage AK9, ebenfalls ein oft genannter Grund. Generell fällt auf, dass die Bewertung beider ersten Produkte immer wieder als *„fake"*, *„unglaubwürdig"* und *„unrealistisch"* bezeichnet wurden, während die höhere Anzahl an Bewertungen der zweiten Produkte ein Hauptargument für die Auswahl dieser war.

Die große Menge an Personen, welche sich jeweils für das zweite Produkt entschieden haben in Verbindung mit der hohen Anzahl an Personen, welche angaben, bereits in der Vergangenheit von manipulierten Produktbewertungen gehört haben, führt zu dem Schluss, dass die potenzielle Manipulation für den Großteil der Befragten bereits im Hinterkopf ist und bei der Betrachtung von Rezensionen bereits mitberücksichtigt wird. Dies beantwortet die behandelte Forschungsfrage. Der Einfluss von potenziell manipulierten

Produktbewertungen auf das Kaufverhalten ist existent und alltäglich. Kunden achten beim Kaufen von Produkten neben den Produktinformationen und -bildern auch auf die Bewertungen. Dies ist an der häufigen Nennung der Bewertungen als Grund für bzw. gegen ein Produkt erkennbar. Hierbei haben jedoch viele auf Anzeichen einer Fälschung geachtet und sich deshalb in beiden Fällen für das zweite, authentischere Produkt entschieden.

Durch diese Angst vor einem, durch falsche Bewertungen ausgelösten, Kauf ein falsches bzw. schlechtes Produkt zu kaufen kann sogar dazu führen, dass die Kunden bei zu vielen Bewertungen davon ausgehen, dass diese eventuell gefälscht sein könnten obwohl sie keinerlei Manipulation unterliegen. Dies kann vor allem bei sehr kurzen oder fehlerhaften Bewertungen passieren. Eine so erschaffene Angst kann in Zukunft eventuell dazu führen, dass die starke Macht der Produktbewertungen abnimmt. Da diese jedoch bisher nahezu die einzige Möglichkeit für Käufer ist, sich außerhalb von kommerziellen Plattformen und Diensten über ein Produkt zu erkundigen, muss die Glaubwürdigkeit der Rezensionen geschützt werden. Dies kann in erster Hand nur durch weitere Verbesserung der Prüfalgorithmen der Online-Shop-Besitzer erfolgen. Hierbei muss allerdings auch beachtet werden, dass man die Hürde der Erstellung einer Bewertung nicht zu hoch setzt, da hierdurch die Anzahl an erstellten ehrlichen Bewertungen sinken könnte.

6 Ausblick

Die vorstehende Arbeit hat die Fragestellung nach einem Einfluss von potenziell gefälschten Produktbewertungen auf das Kaufverhalten bearbeitet und beantwortet. Bei der Bearbeitung wurden jedoch einige Einschränkungen bzw. Vereinfachungen vorgenommen. Diese Vereinfachungen sind mögliche Ansatzpunkte für weitere Experimente, Umfrage und wissenschaftliche Arbeiten. Im Folgenden werden sowohl die getroffenen Einschränkungen als auch mögliche weiterführende Themen genannt.

Als Haupteinschränkung dieser Arbeit ist die große Zahl an befragten Personen zwischen 18 und 30 Jahren zu sehen. Der Personenkreis älter als 30 entsprach lediglich 10% der Probanden. Da speziell diese Altersgruppe jedoch ohne die heutige Technik aufgewachsen ist und für viele der technologische Fortschritt eine Herausforderung darstellt, könnten zukünftige Arbeiten an diesem Punkt anschließen und sich genau diese Personengruppe als Zielgruppe setzen bzw. die Gruppe der Befragten ausgeglichener auf alle Altersgruppen verteilen. Wie in Kapitel 2.1.3.2 erwähnt, wurde ein erhöhtes Misstrauen in Produktbewertungen der über 65-Jährigen festgestellt (Bitkom 2008), was ebenfalls dafürspricht, dass man sich auch auf ältere Personen konzentrieren sollte. Des Weiteren wäre eine Möglichkeit mögliche Einflüsse des erreichten Bildungsabschlusses auf das Bewusstsein der potenziellen Manipulation zu untersuchen.

Als weitere Einschränkung wurde in der vorstehenden Arbeit das Bewusstsein der Manipulationsmöglichkeit bzw. dessen Einfluss auf das Kaufverhalten lediglich an Bildern einer möglichen Produktseite getestet und somit nur ein vereinfachtes Modell eines Kaufvorgangs dargestellt. Auch hier könnten weitere Arbeiten den vollständigen Vorgang des Einkaufens im Internet untersuchen, da die Entscheidung für oder gegen ein Produkt ebenfalls von anderen Dingen, wie zum Beispiel das Design einer Internetseite, beeinflusst werden könnte. Ebenfalls wurden hier lediglich zwei Produktarten (Kleidung und Elektronikzubehör) bei der Produktauswahl berücksichtigt. Alle vier angebotenen Artikel waren jedoch eher im Niedrigpreissegment anzuordnen. Für Produkte mit höherem Wert genauso wie Produkte mit noch geringerem Wert könnte der Einfluss komplett unterschiedlich ausfallen. Auch dies gilt es in Zukunft zu untersuchen.

Wie im vorstehenden Kapitel erklärt, sind Untersuchungen in diesem Bereich vor allem für Betreiber von Internetkaufhäusern von Belang, da diese Aufschlüsse auf mögliche Entwicklungen der Zukunft geben können und man daraus Vorgehen ableiten kann, um den (bisherigen) guten Ruf des OWom aufrecht zu erhalten.

Anhang

A Fragebogen

Umfrage zum Kaufverhalten in Online-Shops

Sehr geehrte Teilnehmerin, sehr geehrter Teilnehmer,

Ich heiße Florian Pollok und studiere Wirtschaftsinformatik an der Universität Bamberg. Im Rahmen meiner Bachelorarbeit untersuche ich mögliche Einflüsse auf das Kaufverhalten in Online-Shops. Hierfür benötige ich Ihre Hilfe!

Ich wäre Ihnen sehr dankbar, wenn Sie sich ca. 5-10 Minuten Zeit nehmen würden und mir einige Fragen zu Ihrem Kaufverhalten in Online-Shops beantworten könnten.

Die Umfrage ist anonym und dient ausschließlich der Auswertung und Analyse im Rahmen meiner Bachelorarbeit.

Vielen Dank für Ihre Unterstützung!

Diese Umfrage enthält 27 Fragen.

Angaben zur Person

Bitte geben Sie ein paar Informationen über sich an. Diese sind für die Auswertung der Umfrage essentiell, um mögliche Rückschlüsse auf verschiedene Altersgruppen etc. treffen zu können.

[ ]Wie alt sind Sie? *

Bitte geben Sie Ihre Antwort hier ein:

[ ]Bitte geben Sie Ihr Geschlecht an. *

Bitte wählen Sie nur eine der folgenden Antworten aus:

O weiblich
O männlich

[ ]Was ist Ihr höchster Bildungsabschluss? *

Bitte wählen Sie nur eine der folgenden Antworten aus:

O Hauptschulabschluss
O Mittlere Reife, Realschulabschluss, Fachschulreife
O Fachhochschulreife, Abschluss einer Fachoberschule
O Abitur, allgemeine oder fachgebundene Hochschulreife
O Abschluss an einer Fachhochschule
O Abschluss an einer Universität
O Sonstiges:

[]Welchen Beruf üben Sie aus? *

Bitte wählen Sie nur eine der folgenden Antworten aus:

○ Schüler(in)/Student(in) oder in der Ausbildung

○ Angestellte(r)/ Beamte(r)

○ Hausfrau/Hausmann

○ Selbstständige(r)

○ Rentner(in)

○ Vorübergehend ohne Beschäftigung/arbeitsunfähig

○ Keine Angabe

○ Sonstiger Beruf: [＿＿＿＿＿＿＿＿＿＿＿＿]

Angaben zum Kaufverhalten

Bitte beantworten Sie ein paar Fragen bezüglich Ihres Online-Kaufverhaltens

[]Wie oft kaufen Sie über einen Online-Shop Produkte (egal welcher Art)? *

Bitte wählen Sie nur eine der folgenden Antworten aus:

○ Täglich

○ 2-3 Mal die Woche

○ Einmal die Woche

○ Öfters im Monat

○ Einmal im Monat

○ Weniger als einmal im Monat

Hierbei ist es egal, welche Art von Online-Produkten sie kaufen und welche Art von Online-Shop es ist.

[]Wie viel Geld geben Sie im Durchschnitt pro Monat beim Online-Shoppen aus?

Bitte wählen Sie nur eine der folgenden Antworten aus:

○ Weniger als 50€

○ 50 - 100€

○ 100 - 300€

○ 300 - 600€

○ Mehr als 600€

Welche Art von Online-Shops besuchen Sie am häufigsten?

*

Bitte wählen Sie alle zutreffenden Antworten aus:

- ☐ Onlineshop für Elektronikartikel
- ☐ Onlineshop für Kleidung
- ☐ Onlineshop für Haushaltsgegenstände
- ☐ Onlineshop für Nahrungsmittel
- ☐ Onlineshop für Bücher und Printmedien
- ☐ Onlineshop mit allen oben genannten Produktkategorien
- ☐ Sonstiger Onlineshop, welcher Folgende Produktkategorien beinhaltet:

[]Haben Sie auf den von Ihnen genutzten Websites die Möglichkeit vor Ihrer Kaufentscheidung Produktbewertungen einzusehen? *

Bitte wählen Sie nur eine der folgenden Antworten aus:

- ○ Ja
- ○ Nein
- ○ Ich weiß es nicht

[]Verfassen Sie selber Bewertungen zu Produkten, welche Sie besitzen oder Sie bereits gekauft haben? *

Bitte wählen Sie nur eine der folgenden Antworten aus:

- ○ Ja
- ○ Nein

[]

Wie wichtig ist es Ihnen, dass bereits Bewertungen zu einem Produkt vorliegen?

Bitte wählen Sie die zutreffende Antwort für jeden Punkt aus:

1 - Nicht wichtig	2	3	4	5 - Sehr wichtig
○	○	○	○	○

[]Inwiefern treffen folgende Aussagen hinsichtlich Produktbewertungen auf Sie zu?

Bitte wählen Sie die zutreffende Antwort für jeden Punkt aus:

	1 - Trifft nicht zu	2	3	4	5 - Trifft voll zu
Die Bewertungen anderer Nutzer auf der Shopseite beeinflussen meine Kaufentscheidung.	O	O	O	O	O
Wenn ein Produkt überwiegend positive Bewertungen hat, ist dies ein Grund für mich das Produkt zu kaufen.	O	O	O	O	O
Wenn ein Produkt überwiegend negative Bewertungen hat, ist dies ein Grund für mich das Produkt nicht zu kaufen.	O	O	O	O	O

[]

Was ist Ihnen an Produktbewertungen wichtig, damit Sie diese in Ihre Kaufentscheidung mit einfließen lassen?

Bitte wählen Sie die zutreffende Antwort für jeden Punkt aus:

	1 - Nicht wichtig	2	3	4	5 - Sehr wichtig
Ein aussagekräftiger Titel der Bewertung	O	O	O	O	O
Eine aussagekräftige Beschreibung der Bewertung	O	O	O	O	O
Eine lange und detaillierte Beschreibung	O	O	O	O	O
Eine Bewertung mit korrekter Gramatik und Rechtschreibung	O	O	O	O	O
Eine Bewertung auf Deutsch	O	O	O	O	O
Eine Bewertung, die sowohl positive als auch negative Seiten aufzeigt	O	O	O	O	O
Eine hohe Anzahl an vorhandenen Bewertungen zu diesem Produkt	O	O	O	O	O

[]

Inwiefern treffen die folgenden Aussagen auf Sie zu?

Ich würde eine Produktbewertung nicht in meine Kaufentscheidung einfließen lassen, wenn sie folgende Eigenschaften besitzt.

Bitte wählen Sie die zutreffende Antwort für jeden Punkt aus:

	1 - Trifft nicht zu	2	3	4	5 - Trifft voll zu
Der Titel und die Beschreibung sind nicht auf Deutsch.	O	O	O	O	O
Es sind nur positive Eigenschaften genannt.	O	O	O	O	O
Die Beschreibung ist sehr kurz und ist sehr allgemein gehalten.	O	O	O	O	O
Die Bewertung ist sehr alt.	O	O	O	O	O
Es sind sehr wenige (jedoch durchweg sehr gute) Bewertungen zu einem Produkt verfügbar.	O	O	O	O	O

[]

Wie wichtig sind Ihnen Produktbewertungen im Vergleich zu folgenden Faktoren?

Bitte wählen Sie die zutreffende Antwort für jeden Punkt aus:

	1 - Nicht wichtig	2	3	4	5 - Sehr wichtig
Preis	O	O	O	O	O
Beschreibung des Herstellers	O	O	O	O	O
Markenimage	O	O	O	O	O
Erfahrungen, welche Ihnen aus Ihrem sozialen Umfeld bekannt sind	O	O	O	O	O

Kaufentscheidung anhand einer Produktseite (Teil 1)

[]

Bitte betrachten Sie die beiden folgenden Produkte.

Produkt A

T-Shirt weiß der Marke AB

AB

€9,99

★★★★ Based on 5 reviews

Size

XS

IN DEN EINKAUFSWAGEN LEGEN

Weißes Rundhals T-Shirt der Marke AB mit Rundhals.

- Stoff aus 100% Baumwolle
- Regular Fit
- Leichter Stoff und geeignet für die Waschmaschine.

BEWERTUNGEN

★★★★★
Ist Tshirt Super!!

★★★★★
Top!!

★★★★★
Super Tshirt

★★★★★
Traum Tshirt

★★★★★
Perfect!

★★★★★
Best Tshirt EVER

<u>**Produkt B**</u>

Weißes T-Shirt der Marke XY

XY

€9.99

★★★★☆ Based on 10 reviews

Size

XS

Weißes Basic T-Shirt der Marke XY

- 100% Baumwolle
- Basic T-Shirt
- Kragenform: Rundhals
- 1/2 Arm
- Regular Fit
- 100% Baumwolle
- Innenmaterial: Baumwolle

- Pflegehinweis: Maschinenwäsche
- Modellnummer: 13834
- Leichter Stoff

BEWERTUNGEN

★★★★★
Top, schnell geliefert und entspricht meinen Wünschen

Das T-Shirt ist wunderbar und schnell geliefert.

★★★★☆
Alles super
Wunderbar schnelle Lieferung

★★★★★
Very nice T-Shirt

★★★★☆
Gut bis auf Nähte

★★★☆☆
Leichte Ausfransungen an Naht

★★★★★
Wunderbares Tshirt, wunderbar schnell geliefert

★★★★☆
Sehr gut, nur die Marke

★★★★★
Alles Super und wie beschrieben

★★★☆☆
Stoff kratzt leicht, nach 3 Wäschen jedoch gut

★★★★★
Passform und Farbe sehr gut

Für welches Produkt würden Sie sich entscheiden?

Bitte wählen Sie nur eine der folgenden Antworten aus:

O Produkt A

O Produkt B

[]

Optionale Angabe:

Weshalb würden Sie sich für das Produkt B entscheiden?

Beantworten Sie diese Frage nur, wenn folgende Bedingungen erfüllt sind:
Antwort war 'Produkt B' bei Frage '15 [KE1]' (Bitte betrachten Sie die beiden folgenden Produkte: Produkt A   Produkt B   Für welches Produkt würden Sie sich entscheiden?)

Bitte geben Sie Ihre Antwort hier ein:

[]

Optionale Angabe:

Weshalb würden Sie sich für das Produkt A entscheiden?

Beantworten Sie diese Frage nur, wenn folgende Bedingungen erfüllt sind:
Antwort war 'Produkt A' bei Frage '15 [KE1]' (Bitte betrachten Sie die beiden folgenden Produkte: Produkt A   Produkt B   Für welches Produkt würden Sie sich entscheiden?)

Bitte geben Sie Ihre Antwort hier ein:

Kaufentscheidung anhand einer Produktseite (Teil 2)

[]

Bitte betrachten Sie die beiden folgenden Produkte:

Produkt A

Iphone 5 Plastikhülle

A

€7.99

★★★★★ based on 2 reviews

IN DEN EINKAUFSWAGEN LEGEN

- Speziell für iPhone 5C Hülle entwickelt durchsichtige Matting TPU Hülle Tasche. Kompatibel mit allen Trägern
- Material: Polypropylen
- Minimalistisches, klares Design überlagert nicht das Design des original Smartphones
- Rundum-Schutz für Ihr Gerät mit einem Slim Design
- Zugriff auf alle Bedienelemente und Funktionen; Perfekte Ausschnitte für Lautsprecher, Kamera und andere Häfen

BEWERTUNGEN

★★★★★

Perfect

Love it

★★★★★

Perfekt

Alles gewesen Perfekt

Produkt B

Iphone 5 Schutzhülle, durchsichtig

B

€7.99

★★★★½ Based on 8 reviews

IN DEN EINKAUFSWAGEN LEGEN

- Kompatibel mit Apple iPhone SE/5S/5
- Schützt dein iphone und Anschlüsse
- Aus Schockabsorbierendem Plastik
- Einzigartige Form ermöglicht es dir jegliche Anschlüsse und Funktionen deines Iphones ohne entfernen der Hülle zu erreichen

BEWERTUNGEN

★★★★☆
Alles top.

Alles top. Hülle hielt super aus und liegt gut in der Hand.

Edit: Leider hat sie die Iphone nicht vor dem Fall schützen können, deswegen 1 Stern Abzug

★★★★★
Perfekte Hülle

Sowohl optisch, als auch von der Verarbeitung her alles top. Kann die teilweise schlechten Bewertungen NICHT nachvollziehen. Würde es immer wieder kaufen

★★★★☆
Für den Preis absolut kaufbar

Würde für den unschlagbar günstigen Preis immer wieder zuschlagen. Dafür entfällt nur gering der Abdichtung.

★★★☆☆
Schlechte Erreichbarkeit

Der Stecker für Kopfhörer konnte am Anfang nicht direkt gut erreicht werden, da noch Plastik durchträufeln ein Port waren. Ging aber leicht zu beseitigen und ist dann gut.

★★★★★
Wunderbare Hülle für mein Iphone

Optisch sehr schön und hat mein Iphone 5 schon diverse Male vor dem schlimmer Tod gerettet.
Danke dafür!

★★★★☆
Relativ schnell Gebrauchsspuren

Relativ schnelle Abnutzung der Hülle.
(Habe sie aber auch schon sehr beansprucht)

★★★☆☆
Leider nicht sauber gearbeitet

Leider sind von der Fertigung noch Reste an der Hülle.

★★★★★
Sehr gute Hülle, vor allem für den Preis

Hülle erfüllt ihren Zweck sehr gut. Perfekt für Iphone 5

Für welches Produkt würden Sie sich entscheiden?

*

Bitte wählen Sie nur eine der folgenden Antworten aus:

○ Produkt A

○ Produkt B

[]Optionale Angabe: Weshalb würden Sie sich für das Produkt A entscheiden?

Beantworten Sie diese Frage nur, wenn folgende Bedingungen erfüllt sind:
Antwort war 'Produkt A' bei Frage '18 [KE4]' (Bitte betrachten Sie die beiden folgenden Produkte: Produkt A   Produkt B   Für welches Produkt würden Sie sich entscheiden?)

Bitte geben Sie Ihre Antwort hier ein:

[]Optionale Angabe: Weshalb würden Sie sich für das Produkt B entscheiden?

Beantworten Sie diese Frage nur, wenn folgende Bedingungen erfüllt sind:
Antwort war 'Produkt B' bei Frage '18 [KE4]' (Bitte betrachten Sie die beiden folgenden Produkte: Produkt A   Produkt B   Für welches Produkt würden Sie sich entscheiden?)

Bitte geben Sie Ihre Antwort hier ein:

Bewusstsein der Manipulation von Online- Produktbewertungen

Hier werden Ihnen einige Fragen zu Ihrem Bewusstsein der potenziell manipulierten Bewertungen gestellt.
[]Haben Sie schon ein mal von "manipulierten Produktbewertungen" gehört? *

Bitte wählen Sie nur eine der folgenden Antworten aus:

○ Ja

○ Nein

Achten Sie beim Lesen von Bewertungen auf mögliche Anzeichen drauf, dass diese möglicherweiße gefälscht sind?

*

Beantworten Sie diese Frage nur, wenn folgende Bedingungen erfüllt sind:
Antwort war 'Ja' bei Frage '21 [BM1E]' (Haben Sie schon ein mal von 'manipulierten Produktbewertungen' gehört?)

Bitte wählen Sie nur eine der folgenden Antworten aus:

O Ja

O Nein

[]Welche Eigenschaften einer Bewertung bzw. von Bewertungen könnten ein mögliches Anzeichen für Manipulation sein? *

Bitte wählen Sie alle zutreffenden Antworten aus:

☐ Bewertung nicht auf Deutsch

☐ Sehr kurze Bewertung

☐ Sehr ausschweifende Bewertung

☐ Sehr allgemein gehaltene Bewertung

☐ Gramatik-/Rechtschreibfehler

☐ Sehr wenige Bewertungen

☐ Sehr viele gleichwirkende Bewertungen

☐ Weitere Anzeichen für Manipulation: [   ]

Mehrere Antworten möglich.

[]Haben Sie sich bereits einmal aufgrund von (Ihrer Meinung nach) manipulierten Bewertungen gegen ein Produkt entschiede

Beantworten Sie diese Frage nur, wenn folgende Bedingungen erfüllt sind:
Antwort war 'Ja' bei Frage '21 [BM1]' (Haben Sie schon ein mal von 'manipulierten Produktbewertungen' gehört?)

Bitte wählen Sie nur eine der folgenden Antworten aus:

O Ja

O Nein

[]

Wie häufig sind Sie der Meinung, dass es sich bei einer betrachteten Bewertung um eine manipulierte handeln könnte?

*

Beantworten Sie diese Frage nur, wenn folgende Bedingungen erfüllt sind:
Antwort war 'Ja' bei Frage '21 [BM1]' (Haben Sie schon ein mal von 'manipulierten Produktbewertungen' gehört?)

Bitte wählen Sie die zutreffende Antwort für jeden Punkt aus:

1 - Nie	2	3	4	5 - Sehr oft
O	O	O	O	O

[]Haben Sie sich jemals beim Lesen einer Bewertung gedacht, dass diese eventuell gefälscht bzw. manipuliert sein könnte? *

Beantworten Sie diese Frage nur, wenn folgende Bedingungen erfüllt sind:
Antwort war 'Nein' bei Frage '21 [BM1]' (Haben Sie schon ein mal von 'manipulierten Produktbewertungen' gehört?)

Bitte wählen Sie nur eine der folgenden Antworten aus:

O Ja

O Nein

[]Haben Sie Ihre Kaufentscheidung davon beeinflussen lassen? *

Beantworten Sie diese Frage nur, wenn folgende Bedingungen erfüllt sind:
Antwort war 'Ja' bei Frage '26 [BM7]' (Haben Sie sich jemals beim Lesen einer Bewertung gedacht, dass diese eventuell gefälscht bzw. manipuliert sein könnte

Bitte wählen Sie nur eine der folgenden Antworten aus:

O Ja

O Nein

Vielen Dank für Ihre Teilnahme an dieser Umfrage!

Falls Sie an den Ergebnissen der Umfrage interessiert sind, können Sie mir gerne eine Email an Florian_Pollok@hotmail.com schicken!

Literatur

Allensbacher Computer- und Technik-Analyse (ACTA) 2014

Amazon a *Rezensionen zu Artikeln, deren Kauf von Amazon bestätigt wurde* Amazon. Zugriff am 15. März 2017. Verfügbar unter https://www.amazon.de/gp/community-help/amazon-verified-purchase

Amazon b *Richtlinien für die Teilnahme an der Amazon Community.* Zugriff am 16. März 2017. Verfügbar unter https://www.amazon.de/gp/help/customer/display.html?nodeId=201929730

Amersdorffer D, Bauhuber F, Egger R, Oellrich J (2010) Social Web im Tourismus. Strategien ; Konzepte ; Einsatzfelder. Springer-Verlag, s.63

Bitkom (2008*) Kundenbewertungen sind wichtigste Kaufhilfe.* Zugriff am 27. Januar 2017. Verfügbar unter https://www.bitkom.org/Presse/Presseinformation/Kundenbewertungen-sind-wichtigste-Kaufhilfe.html

Consline AG (2008) Web 2.0 Quellen dominieren Kaufentscheidungen.

Dellarocas C (2003) The Digitization of Word of Mouth. Promise and Challenges of Online Feedback Mechanisms. Management Science 49(10):1407–1424.

Dellarocas C (2006) Strategic Manipulation of Internet Opinion Forums. Implications for Consumers and Firms. Management Science 52(10):1577–1593.

Droste F (2014) Die strategische Manipulation der elektronischen Mundpropaganda. Springer Fachmedien Wiesbaden, Wiesbaden.

Droste F, Jost P, Rohlfing-Bastian A (2013) Star Wars: Strategic Use of Hidden Word-of-Mouth Dynamics. WHU - Working Paper.

eBay (02.01.2017) *Factsheet.* Zugriff am 02. Januar 2017. Verfügbar unter https://presse-de.backends.ebay.eu/sites/default/files/eBay_Factsheet_112016.pdf

Fittkau & Maaß (2008) *Nach dem Kauf ist vor dem Kauf: Von Nutzern erzeugte Produktbewertungen beeinflussen in hohem Maße Kaufentscheidungen,* Fittkau & Maaß Consulting, Zugriff am 20. Januar 2017, Verfügbar unter http://www.fittkaumaass.com/presse/fm_pm_ecom_230608.html

Goldsmith RE, Horowitz D (2006) Measuring Motivations for Online Opinion Seeking. Journal of Interactive Advertising 6(2):2–14.

Haugtvedt CP, Machleit KA, Yalch R (Hrsg) (2005) Online consumer psychology. Understanding and influencing consumer behavior in the virtual world. Lawrence Erlbaum Associates, Mahwah, N.J.

Hu N, Bose I, Gao Y, Liu L (2011) Manipulation in digital word-of-mouth: A reality check for book reviews. On quantitative methods for detection of financial fraud 50(3):627–635.

Institut für Demoskopie Allensbach (2008): *Internetinduzierte Veränderungen von Kaufentscheidungen und Kaufverhalten,* Allensbacher Computer- und Technik- Analyse (ACTA 2008), Zugriff am 17. Dezember 2016, Verfügbar unter http://www.acta-online.de

unter
https://www.google.de/url?sa=t&rct=j&q=&esrc=s&source=web&cd=&ved=0ahUKEwjL
7d7Y-d_RAhXnJ5oKHRhRCAIQFggsMAA&url=http%3A%2F%2Fwww.ifd-
allens-
bach.de%2Ffileadmin%2FACTA%2FACTA_Praesentationen%2F2008%2FACTA2008_S
chneller.pdf&usg=AFQjCNHB_wI1k17dos54bmcbEkSAJdBIDA&cad=rja

Kleiderkreisel a (02.01.2017) *About*. Zugriff am 02. Januar 2017. Verfügbar unter
https://www.Kleiderkreisel.de/about

Kleiderkreisel b (02.01.2017) *Registrierung*. Zugriff am 02. Januar 2017. Verfügbar unter
https://www.kleiderkreisel.de/member/signup/email_start

Kleiderkreisel c (02.01.2017) *Transaktionsschutz*. Zugriff am 02. Januar 2017. Verfügbar
unter https://www.kleiderkreisel.de/help/276

Knoema Internetnutzer pro 100 Personen in Deutschland von 1990 bis 2015. Knoema.
Zugriff   am   04.   Januar   2017.   Verfügbar   unter
http://knoema.de/atlas/Deutschland/Internetnutzer-pro-100-Einwohner

Mayzlin D (2006) Promotional Chat on the Internet. Marketing Science 25(2):155–163.

Mayzlin D, Chevalier J (2006) The Effect of Word of Mouth on Sales: Online Book Reviews.

Mayzlin D, Dover Y, Chevalier J (2014) Promotional Reviews. An Empirical Investigation
of Online Review Manipulation. American Economic Review 104(8):2421–2455.

Media Control GmbH *Durchschnittliche Sehdauer in Minuten pro Tag – Jahreswerte 2010
bis 2014, sowie Jahrestrend 01.01.15 bis 06.01.15, TV gesamt, Sendetag gesamt, Fernseh-
panel D+EU*. Media Control GmbH. Zugriff am 04. Januar 2017. Verfügbar unter
http://www.media-control.de/tv-trend-2015-die-jungen-schauen-weniger-fernsehen.html

Schwarz T (Hrsg) (2013) Leitfaden Online-Marketing. [das Wissen der Branche]. Marke-
ting-Börse, Waghäusel.

Statista a *Tägliche Reichweite der einzelnen Medien in der Altersgruppe der 14- bis 29-
Jährigen in Deutschland in ausgewählten Jahren von 2000 bis 2015*. Statista a. Zugriff am
4.   Januar   2017.   Verfügbar   unter
https://de.statista.com/statistik/daten/studie/180244/umfrage/reichweite-von-medien-in-
der-altersgruppe-14-29-jahre-seit-2000/

Statista b *Besucherzahlen der größten Online-Shops in Deutschland im Oktober 2014 (in
Millionen)*. Statista b. Zugriff am 11. Januar 2017. Verfügbar unter
https://de.statista.com/statistik/daten/studie/158229/umfrage/online-shops-in-deutschland-
nach-besucherzahlen.

Stern (2012) *Tausche Meinung gegen Geld.* Zugriff am 16. März 2017. Verfügbar unter http://www.stern.de/digital/online/gefaelschte-produktbewertungen-in-online-shops-tausche-meinung-gegen-geld-3848378.html

Süddeutsche (2015) *So erkennen Sie gekaufte Amazon-Bewertungen.* Zugriff am 16. März 2017. Verfügbar unter http://www.sueddeutsche.de/digital/produkt-rezension-so-erkennen-sie-gekaufte-amazon-bewertungen-1.2699109

UNITED STATES SECURITIES AND EXCHANGE COMMISSION (2014) *Anual Report of the UNITED STATES SECURITIES AND EXCHANGE COMMISSION.* Zugriff am 26. Januar 2017. Verfügbar unter https://www.sec.gov/Archives/edgar/data/1018724/000101872414000006/amzn-20131231x10k.htm

Welt (2015) *Amazons verzweifelter Kampf gegen Fake-Rezensionen.* Zugriff am 15. März 2017. Verfügbar unter https://www.welt.de/wirtschaft/article147784336/Amazons-verzweifelter-Kampf-gegen-Fake-Rezensionen.html